O PESCADOR AMBICIOSO E O PEIXE ENCANTADO

Dados Internacionais de Catalogação na Publicação (CIP)
(Câmara Brasileira do Livro, SP, Brasil)

Boff, Leonardo
 O pescador ambicioso e o peixe encantado : a busca da justa medida / Leonardo Boff. – Petrópolis, RJ : Vozes, 2022.

 ISBN 978-65-5713-423-8

 1. Antropologia filosófica 2. Conduta de vida – Cristianismo 3. Espiritualidade I. Título.

21-95790 CDD-248.4

Índices para catálogo sistemático:
1. Conduta de vida : Cristianismo 248.4

Eliete Marques da Silva – Bibliotecária – CRB-8/9380

LEONARDO BOFF

O PESCADOR AMBICIOSO E O PEIXE ENCANTADO

A BUSCA PELA JUSTA MEDIDA

© by Animus/Anima Produções Ltda.
Caixa Postal 92.144 – Itaipava
25741-970 Petrópolis, RJ
www.leonardoboff.com

Direitos de publicação em língua portuguesa:
2022, Editora Vozes Ltda.
Rua Frei Luís, 100
25689-900 Petrópolis, RJ
www.vozes.com.br
Brasil

Todos os direitos reservados. Nenhuma parte desta obra poderá ser reproduzida ou transmitida por qualquer forma e/ou quaisquer meios (eletrônico ou mecânico, incluindo fotocópia e gravação) ou arquivada em qualquer sistema ou banco de dados sem permissão escrita da editora.

Diretor Editorial
Gilberto Gonçalves Garcia

Editores
Aline dos Santos Carneiro
Edrian Josué Pasini
Marilac Loraine Oleniki
Welder Lancieri Marchini

Conselheiros
Francisco Morás
Ludovico Garmus
Teobaldo Heidemann
Volney J. Berkenbrock

Secretário Executivo
Leonardo A.R.T. dos Santos

Editoração: Maria da Conceição B. de Sousa
Diagramação: Sheilandre Desenv. Gráfico
Revisão gráfica: Alessandra Karl
Capa: Adriana Miranda e Renan Rivero
Ilustrações de capa e miolo: Pedro Pinheiro (@pedro_arte)

ISBN: 978-65-5713-423-8

Este livro foi composto e impresso pela Editora Vozes Ltda.

A Pedro Ribeiro de Oliveira, exemplo de justa medida em sua postura e em seus juízos como sociólogo, analista social e militante cristão.

A sua esposa Teresa Sartorio, por seu cuidado e dedicação aos pobres.

Sumário

Introdução, 9

Parte I – A perda da justa medida e da falta de cuidado, 13
Capítulo 1 O pescador ambicioso e o peixe encantado, 15
Capítulo 2 As várias figuras do desejo, 21
Capítulo 3 A condição humana subjacente à crise do nosso mundo, 26
Capítulo 4 A justa medida, 32
Capítulo 5 Do que realmente precisamos?, 49
Capítulo 6 Toda virtude tem o seu contrário: o excesso, 64

Parte II – Como viver a justa medida nas várias dimensões da vida, 75
Capítulo 7 Tiraram-nos tudo, mas esqueceram as sementes, 77
Capítulo 8 Valores e princípios, marcos para o nosso caminho, 90
Capítulo 9 Resgatar os direitos do coração, 99
Capítulo 10 Viver a justa medida, 102
Capítulo 11 Dois pressupostos da justa medida, 104
Capítulo 12 Criar a justa medida em todos os níveis da vida, 108

Parte III – Viver a justa medida no nível interpessoal, 125

Capítulo 13 A justa medida nas relações sociais, 127

Capítulo 14 A justa medida entre a religiosidade e a espiritualidade, 132

Capítulo 15 A justa medida para com a natureza relacional de tudo, 137

Parte IV – O caminho adiante com sonhos, utopias, cantos e esperança, 145

Capítulo 16 O caminho de um jovem da Comuna: a pobreza e a fraternidade universal, 147

Capítulo 17 O caminho de alguém "que vem do fim do mundo": o cuidado da Casa Comum, 156

Conclusão – Os dois Franciscos, o de Assis e o de Roma: cuidadores da Casa Comum, 169

Introdução

Por onde quer que olhamos percebemos excessos de toda ordem. Na vida pessoal perdura ainda o excesso de poder do homem sobre a mulher, excesso de violência e até de ódio entre as pessoas e as nações. Na sociedade o excesso de conflitos sociais devido à grave injustiça social, os preconceitos face à raça, à orientação sexual e o fundamentalismo de algumas religiões e Igrejas que excluem todos os que não pensam e agem segundo suas doutrinas. Na economia há o excesso da perversa acumulação de riqueza em pouquíssimas mãos, o excesso de desumana pobreza e a miséria de grande parte da humanidade. Na ecologia continua o excesso na exploração dos bens e serviços naturais e o desrespeito total da Mãe Terra, tendo como efeito os eventos extremos: grande calor de um lado e muito frio de outro, a erosão da biodiversidade e a intrusão de vírus, alguns letais como o que cobriu todo o planeta em 2019: o Coronavírus, entre outros eventos.

Esse excesso significa a perda da *justa medida e da moderação*, condições fundamentais para que a vida da natureza e as relações humanas pessoais e sociais tenham o mínimo de equilíbrio que garanta a sustentabilidade e o bem-viver.

Temos o sentimento de que o nível de degradação do Planeta Terra e a forma como se relacionam os seres humanos entre si e as nações com outras nações não podem continuar. A *Carta da Terra*, documento importante assumido em 2003 pela Unesco sobre valores e princípios para salvaguardar o Lar Comum e a vida, logo na primeira frase, faz esta grave advertência:

> Estamos diante de um momento crítico na história da Terra, numa época em que a humanidade deve escolher o seu futuro [...]; a nossa escolha é essa: ou formamos uma aliança global para *cuidar da Terra* e uns dos outros ou arriscaremos a nossa *destruição* e a *destruição* da diversidade da vida.

O Papa Francisco em suas duas encíclicas ecológicas – *Laudato Si': sobre o cuidado da Casa Comum* (2015) e *Fratelli Tutti* (2020) – é ainda mais radical. Afirma: "estamos no mesmo barco; ou nos salvamos todos ou ninguém se salva" (*Fratelli Tutti* 30, 32).

Por fim, cabe ouvir as palavras de um dos últimos grandes naturalistas, o francês Théodore Monod:

> Somos capazes de uma conduta insensata e demente. Pode-se a partir de agora temer tudo, tudo mesmo, inclusive a aniquilação da raça humana. Seria o justo preço de nossas loucuras e de nossas crueldades.

Muitos são os fatores que concorreram para gestar a atual situação preocupante da Terra, da vida e do futuro de nossa civilização. O primeiro pertence ao próprio Planeta Terra, submetido ao grande processo universal da evolução, que está em curso e procura o equilíbrio diante do crescimento da espécie humana e das demandas que esta faz em termos de consumo. Outro fator, talvez mais grave, deve-se ao ser humano que ocupou 83% do planeta de forma devastadora, no afã de acumular bens materiais e se desenvolver sem limites. Neste campo, os principais responsáveis pelas ameaças que pesam sobre a vida e o equilíbrio da Terra são as megacorporações globalmente articuladas, que não mostram o cuidado necessário face ao alcance e os limites do planeta; mas, pelo contrário, continuam com sua voracidade de acumular sem medida e excluindo grande parte da humanidade empobrecida e sofredora. Não são, portanto, as grandes maiorias pobres as principais causadoras da perda da justa medida, pois são elas que asseguram um futuro de esperança para todos.

Esse cenário dramático me fez recordar um conto que conheci na Alemanha no final da década de 1960, quando concluía meus estudos na Universidade de Munique, na Baviera. Essa cidade se caracteriza por ter muitos e variados teatros. Para aperfeiçoar o meu alemão frequentei um deles, *Münchener Theater für Kinder*" (Teatro de Munique para Crianças) na Augustenstrasse. Nele se apresentavam as famosas histórias populares da tradição alemã, reunidas pelos Irmãos Grimm em sua vasta obra *Contos de fadas para o lar e para as crianças*.

Foi nesse teatro infantil que ouvi a representação da história que denominei *O pescador ambicioso e o peixe encantado.* Logo percebi o alcance dessa história, pois representa bem uma metáfora de nossa situação cultural, marcada pela ambição de querer ter mais e mais, crescer sem limites, alimentar a cobiça sem qualquer senso de medida e de moderação, até chegar a expressões absurdas de pretender ser *o pequeno deus na Terra.*

Interessei-me pelo autor dessa história, deparando-me com Philipp Otto Runge (1777-1810): um pintor apreciado na época que contraiu tuberculose e morreu com apenas 33 anos. Ele se interessava pelos contos de fadas populares e participava de uma roda de conversa na qual os participantes, à noite, narravam os contos populares tradicionais ou elaborados por eles. Foi assim que o pintor Runge, numa dessas rodas, apresentou o conto de origem popular, dando-lhe uma forma literária e dando-lhe o título *O pescador e sua esposa (Von dem Fischer un syner Fru)*, assumido depois pelos Irmãos Grimm em sua conhecida obra.

Fizeram-se, mundo afora, muitas edições e também várias versões desse conto, algumas longas e detalhadas e outras mais enxutas e abreviadas.

Por minha conta, fiz também uma, mais concentrada, mas respeitando o sentido original.

Parte I

A perda da justa medida e da falta de cuidado

Capítulo 1

O pescador ambicioso
e o peixe encantado

Talvez este conto do pintor Otto Runge nos esclareça melhor do que as muitas palavras o que significa esse excesso e a falta da justa medida, típicos de nossa cultura. Eis o conto.

Havia um casal vivendo numa choupana miserável junto a um lago. Certa feita o marido, cansado, em vez de ir pescar, pediu à mulher que o fizesse, como de outras vezes. Conformada, ela foi. Ao puxar em seu anzol, surgiu um peixe muito estranho, que ela não soube identificar. E o peixe logo foi dizendo: "Não me mate, pois não sou um peixe qualquer; sou um príncipe condenado a viver neste lago; deixa-me viver como um peixe encantado". E ela o deixou viver. Ao chegar em casa, contou o estranho fato ao marido. Este, cheio de desejos e ambições, logo lhe sugeriu: "Se ele for de fato um príncipe, feito peixe encantado, pode nos ajudar e muito. Você pode ir lá todos os dias, no meu lugar, pois ele já a conhece. Peça-lhe que transforme nossa choupana numa casinha bem bonita".

Ela aceitou, e no dia seguinte foi ao lago e chamou o peixe encantado. Este se aproximou e ela lhe disse: "Desejo muito que nossa choupana seja transformada numa casinha bem bonita.

Ele respondeu: "Seu desejo será atendido".

Ao regressar, ela se deparou com uma casinha toda pintada, janelas com beirais vermelhos, vários quartos, cozinha e jardim, galinhas e plantas frutíferas. O casal ficou feliz.

Mas passados quinze dias, o pecador ambicioso, sem se contentar com a casinha, disse: "A casinha é, por certo, muito bonita e confortável. Mas podemos ter mais, já que o peixe encantado é poderoso e generoso. Eu desejo mesmo ver a casinha ser transformada num suntuoso castelo".

A mulher, relutando, foi novamente ao lago. Com voz forte chamou o peixe encantado. Este veio e lhe disse: "Que queres mais de mim"? Ela lhe respondeu: "Você deve ser poderoso e se mostrou também generoso. Meu marido deseja demais que você transforme a nossa bela casinha num castelo".

"Pois será atendido o teu desejo", respondeu o peixe.

Ao regressar se deparou com um imponente castelo, com torres e jardins, e o marido vestido de príncipe que, soberbo, caminhava, indo e vindo, diante do solene pórtico do castelo.

Não passou muito tempo e o marido, excessivamente ambicioso, disse à mulher, apontando para os campos verdes e as montanhas ao longe. "Eu quero mais. Tudo isso pode ser nosso. Será o nosso reino. Vá ao príncipe encantado, transformado em peixe, e peça-lhe que nos dê um reino". A mulher se aborreceu com o marido que queria mais e mais, mas acabou indo. Chamou o peixe encantado e este veio. "Que queres agora de mim", perguntou ele. Ao que a pescadora respondeu: "Meu marido gostaria de ter mais: um reino com todas as terras e montanhas a perder de vista". "Pois seja feito o teu desejo" respondeu o peixe. Ao regressar, encontrou um suntuoso palácio real. E lá dentro seu marido vestido de rei com coroa na cabeça, desmedidamente imponente e cercado de príncipes, princesas, damas de honra e serviçais. Ambos ficaram satisfeitos por um bom tempo.

Então o marido, com uma avidez crescente, sonhou mais alto; quis ter ainda mais, e disse: "Você, minha mulher, poderia pedir ao príncipe encantado que me fizesse papa, com toda a pompa e todo o esplendor". A mulher ficou irritada. "Isso é absolutamente impossível. Existe somente um papa no mundo".

Mas ele, sem se autolimitar, fez tantas pressões, que, finalmente, a mulher se dirigiu humildemente ao príncipe: "Meu marido quer que você o faça papa". "Pois seja feito o teu desejo", respondeu ele. Ao regressar, viu o marido vestido solenemente de papa, com as três tiaras na cabeça, cercado de cardeais, bispos e multidões ajoelhadas, recebendo sua bênção. Ele ficou quase fora de si, pois achava excessiva a reverência que recebia.

Passados alguns meses, o marido, tomado de um desejo ilimitado, disse à mulher: "Só me falta uma coisa e desejo ardentemente que o príncipe me conceda: quero fazer nascer o sol e a lua, quero ser como o bom Deus". Espantadíssima por aquela evidente arrogância, a mulher disse-lhe, destacando cada palavra: "Isso o príncipe encantando seguramente não poderá fazer. Esse seu desejo é simplesmente excessivo, sem qualquer medida".

Sob altíssima pressão e aturdida, a pescadora foi ao lago. As pernas tremiam e a respiração ficou ofegante. Ia pedir a realização de um desejo demasiado que lhe parecia sem qualquer noção dos limites humanos. Chamou o peixe. E este lhe perguntou: "Por fim, que queres mais de mim"? Ela falou, quase sussurrando: "Quero pedir uma última coisa, que pode parecer sumamente excessiva. Mas meu marido deseja muito, muito mesmo. Quero que ele, meu marido, faça nascer o sol e a lua, que seja como o bom Deus". O peixe encantado lhe disse: "Retorne e terás uma surpresa".

Ao regressar, encontrou seu marido sentado diante da choupana, pobre e todo desfigurado.

Creio que ele e sua mulher ainda estão lá naquela choupana até os dias de hoje, como castigo pela ambição ilimitada, pela *hybris* condenada pelos deuses gregos; vale dizer, pela Suprema Realidade.

Pelo visto, este conto está cheio de lições que iremos explorar ao longo de nossas reflexões. Antes de mais nada, ele revela o ser humano como um ser de desejo; é uma estrutura fundamental de nossa existência. Sem o desejo não há sonhos de uma vida melhor, não há utopias de um mundo mais justo e fraterno e, por fim, não há a promessa de uma vida sem fim.

Já Aristóteles, um dos fundadores da filosofia ocidental, notava que o desejo, em si, não possui limites. Sigmund Freud, fundador do discurso psicanalítico, enfatizava o fato de o ser humano comparecer como um ser de desejo. Este desejo não conhece limites; não se contenta com nada; deseja tudo, até a vida eterna. Grande parte de sua psicanálise reside em como articular o *princípio do desejo* ilimitado com o *princípio da realidade* limitada. Temos de aprender a desejar dentro desses dois polos para nos construirmos em nosso ser humano, não nos autodestruirmos e não danificarmos o nosso *habitat*, que é a Terra como Casa Comum.

Neste contexto, cabe referir uma palavra da antiga sabedoria chinesa contida no *Tao-Te King*:

Não há crime maior do que *ter tudo o que se deseja*; não há desgraça maior do que *não saber se contentar*; não há calamidade maior do que *desejar acumular*. A *satisfação de estar satisfeito* representa a satisfação eterna.

Capítulo 2

As várias figuras do desejo

Este conto do pintor Otto Runge revela a dinâmica do desejo humano: o pescador quer sempre mais, expressando o caráter ilimitado do desejo. Este, que é um bem de nossa natureza, também pode mostrar uma face doentia: não aprender a se autolimitar, chegando a desejar coisas impossíveis, que vão além das reais possibilidades.

O desejo deve se manter dentro dos limites do ser humano, limitado, situado no mundo, no espaço e no tempo, e na tensão entre o *princípio do desejo* e o *princípio da realidade*. Só então se mostra como uma força transformadora que se rege pela *justa medida*, aprende a se *autolimitar* e a buscar o *equilíbrio*: nem demais e nem de menos. Essa ausência da justa medida se concretiza na figura do pescador ambicioso.

O desejo desse *pescador* se apresenta sob várias formas. Primeiramente, sob a forma do *conforto*, de não mais viver numa choupana, mas numa bela *casa*. Esse desejo é legítimo, presente em todos os que são confinados nas favelas de quase todas as grandes cidades no Brasil e no mundo. É um direito humano poder viver bem-abrigado, pois não somos animais entregues ao relento.

Mas o pescador se deixa tomar pelo desejo desenfreado: da casa bem montada ele deseja um *castelo*. Este é símbolo de um *status social superior*, coisa de príncipes e de princesas. Ele passeia com soberba e desfruta das benesses próprias de quem vive confortavelmente num castelo.

Porém, o pescador segue o impulso desejante: almeja um *reino*, que implica *deter poder político supremo*, dominar territórios e populações. Um rei possui uma coroa e é cercado de príncipes e de princesas, damas de honra e serviçais. Ser rei comporta estar no topo da pirâmide social; todos os demais são súditos que lhe prestam honra e lhe fazem homenagens. Esse desejo ainda está dentro das possibilidades humanas. Pode ser um rei bondoso, amigo de seu povo, tornando o poder um serviço ao bem comum, ou um rei tirânico, isolado em seu poder, tratando o povo e especialmente os pobres com desprezo. O pescador ambicioso dá a entender que pensava mais em si e no poder supremo do que dar um sentido social a esse seu poder.

Como o desejo por natureza não conhece limites, o pescador ambicioso busca um poder de outra natureza, o *poder religioso* de um *papa*, que, segundo os cânones, goza de um poder absoluto, direto e imediato sobre cada fiel e sobre toda Igreja. A esposa do pescador tentou conscientizá-lo de que existe apenas um papa e que seu desejo é excessivo; portanto, doentio e sem qualquer sentido de limites. Porém, sua insistência leva-o a ser feito papa. Tornando-se papa, ele é cercado por cardeais, usa símbolos de pompa e glória, herdados dos imperadores romanos, sendo aclamado pelos fiéis, que lhe suplicam uma bênção. Aqui o desejo se revelou, claramente, como desmedido, e, por isso, expressão da *hybris* grega, que significa a ambição exagerada.

Mas o desejo do pescador vai até ao extremo ao romper os limites humanos: deseja o *poder divino*, que é muito mais do que um poder meramente religioso. Deseja ser como o bom *Deus*, a derradeira referência; deseja dominar a Totalidade e apresentar-se como a Suprema Realidade que criou o céu e a terra e sustenta todo o universo. Aqui o desejo do pescador ambicioso o aproximou da loucura ou da perversão absoluta do princípio do desejo. Quer o impossível, a suprema tentação já denunciada pela Bíblia: "sereis como deuses, conhecedores de tudo" (Gn 3,5). O excesso foi absoluto, e mais longe ele não poderia ter ido. A consequência é a mesma descrita na Bíblia: a expulsão do paraíso terrenal. O pescador ambicioso foi condenado à sua situação primeira: tudo se esvanece e ele volta a ser um pescador humilhado, empobrecido, sentado à frente de sua choupana como outrora. A falta absoluta da justa medida e da autolimitação o fez perder tudo.

Função importante ocupa a *mulher* do pescador. Com fina percepção, dá conselhos e faz advertências ao marido. Ela se dá conta da escalada crescente do desejo e da sua exorbitância desenfreada; ela representa a voz da consciência e dos limites impostos ao desejo humano para continuar humano e benfazejo. Sabe do ridículo de seu marido querer ser papa e do absurdo de querer ser como o bom Deus. É coagida a pedir ao peixe encantado esse desejo realmente fora de qualquer medida; obedece contra sua vontade.

Por isso, não fala ao peixe encantado. Apenas sussurra envergonhada; as palavras morrem em sua garganta e suas pernas tremem. É a personagem que representa a consciência da justa medida que sugere moderação e que condena a ambição exagerada e de impossível realização. Porém, foi vítima do poder tirânico de seu marido e acabou sucumbindo. Ela simboliza o destino trágico das mulheres de séculos de machismo e de autoritarismo patriarcal. O conto do pintor Otto Runge não abriu espaço para a libertação da mulher, pois não havia ainda a emergência da consciência da profunda igualdade e reciprocidade entre o homem e a mulher. Este tempo chegou, e hoje as mulheres são protagonistas de sua libertação e também da libertação daqueles que as oprimiam. É a realização plena da justa medida, cada qual, como mulher e como homem, construindo juntos uma relação de equilíbrio dinâmico; desejando juntos os mesmos propósitos e chegando a uma convergência nas diferenças respeitadas e acolhidas, e nunca consideradas como desigualdades.

O *peixe encantado* representa uma força de outra natureza. É a aparição do Numinoso e do Sagrado, que sempre se mostra benevolente, disposto a atender os desejos humanos, mesmo aqueles mais excessivos, mas ainda dentro das possibilidades humanas possíveis. Porém, não tolera a apropriação de sua natureza divina, pois a criatura jamais poderá pretender ocupar o lugar do Criador. Este nos *criou criadores*, dotados de uma estrutura desejante, capazes de transformar a realidade com nossos sonhos, utopias e com o viável possível; mas nos conferiu uma inteligência capaz de discernir os excessos e sempre de novo buscar a justa medida em todos os empreendimentos. O que não ocorreu com o pescador ambicioso.

Mas o Criador é severo com a arrogância e a pretensão de um ser criado de se sentir um "pequeno deus neste mundo", esquecido de sua condição de criatura que, enquanto tal, estará sempre ligada e dependente do Criador. Quando se rompe essa última barreira o efeito é a decadência humana e a desumanização.

O conto nos conclama a cuidar de nossos desejos, de atendê-los dentro dos limites de criaturas com um comportamento que se rege pela justa medida, sem a arrogância e a cobiça desenfreada de possuir sempre mais; porém, sendo mais.

Capítulo 3

A condição humana subjacente à crise do nosso mundo

Depois de considerarmos o triste destino do pescador ambicioso e de nos conscientizarmos de nossas limitações naturais, precisamos tomar consciência daquilo que subjaz às ameaças mortais que nos assolam. Elas quase sempre são varridas de nossa memória cotidiana, e por isso raramente pensamos nelas. Porém, elas nos impedem que sejamos otimistas inocentes ou pessimistas amargos, mas, sim, realistas judiciosos.

As limitações que referiremos não são defeitos de criação, mas inerentes à nossa condição humana concreta. Somos criaturas, e não o Criador. Não nos demos a existência; mas a recebemos gratuita e misteriosamente. Quem pode dizer: Eu deveria existir? Contudo, nos descobrimos, surpresos, existindo neste planeta dentro de tais e tais condições. Existem algumas limitações, quais sombras, que sempre nos acompanham. Consideremos duas delas.

O ser humano: carente, sapiente/demente e desejante

O primeiro dado é a nossa realidade natural que nos fez seres desprovidos de qualquer órgão *especializado*. Todos os animais possuem seu órgão especializado que lhes garante a subsistência. Assim, um patinho nasce e logo sai nadando. Não precisa aprender a nadar; ele vem dotado de nascença com essa disposição.

Com o ser humano não é assim; ele nasce com uma carência e insuficiência biológica fundamental. Estando no berço, o bebê não tem como sair de lá e buscar alimento para sobreviver. Alguém precisa cuidar dele e dar-lhe de comer. Quando adultos, precisamos trabalhar, intervindo na natureza para extrair dela tudo o que precisamos para viver. As coisas não caem do céu.

Da mesma forma, não possuímos qualquer *habitat* definido, como o têm os animais e os pássaros. Estes vivem dentro de um determinado território e nele encontram o seu alimento e se reproduzem.

Sem um *habitat* definido, o ser humano precisa fazer da própria Terra o seu *habitat*. Por isso, deve se relacionar positivamente com ela, moldá-la, trabalhá-la e extrair o que precisa para sobreviver. Deve ter um sutil cuidado para não prejudicá-la, mas fazer com que seja um lugar hospitaleiro e habitável. Assim, cria um *habitat* comum, a grande Casa Comum para todos os humanos, incluindo a natureza inteira.

Por causa dessa carência e insuficiência fundamentais, ele começa lentamente a se relacionar com a natureza, que vai da simples e harmoniosa interação de nossos ancestrais até a perversa e criminosa destruição dos contemporâneos.

O segundo dado de nossa condição humana concreta é que somos simultaneamente pessoas sapientes e dementes. Somos sapientes porque portadores de sapiência, de inteligência, de sentimentos de amor, de bondade, de ternura, de justa medida e de cuidado por tudo o que existe e vive. Podemos ser, simultaneamente e ao mesmo tempo, *dementes*, porque capazes de atos insanos, de ódio, de discriminação, de arrogância e até de eliminação de vidas.

Dizemos a mesma coisa sob outras formas: somos seres de luz e seres de sombra, dimensões que convivem juntas na mesma pessoa. Ou então podemos dizer: somos portadores da dimensão *sim-bólica* (aquela que une) e ao mesmo tempo daquela *dia-bólica* (aquela que desune). Outros afirmam: em nós coexistem a pulsão de vida (*eros*) e a pulsão de morte (*thánatos*).

Dependendo do projeto de vida que formulamos, ou damos mais lugar ao lado sapiente, à dimensão de luz, *sim-bólica*, ou, ao contrário, deixamos que o lado demente, a dimensão de sombra, *dia-bólica*, dê a direção de nossa vida.

Não esqueçamos que ambas dimensões aparecem sempre juntas. Mesmo que tenhamos optado pelo lado melhor, sempre nos acompanhará também o lado pior. Mas o decisivo é termos feito a opção fundamental pelo lado da luz, do bem, da justiça e do amor, se quisermos ser felizes e vivermos pacificamente com os demais seres humanos. Simultaneamente, é imperativo manter contida a dimensão contrária (desprezo, ódio, rancor etc.), senão trará infelicidade para nós e para os outros.

Essa compreensão nos ajudará a entender que ninguém é absolutamente perfeito e isento de defeitos, como também ninguém é somente mau e estigmatizado por maldades. Daí se impõe a conclusão de que devemos ter compreensão acerca da realidade concreta e contraditória de cada ser humano.

No fundo, não cabe pré-julgar ninguém ou vê-lo apenas sob o aspecto da sombra, do negativo, do dia-bólico ou, ao contrário, só sob o aspecto da luz, do positivo, do sim-bólico. Temos as duas dimensões, mas isso não significa que tudo é indiferente e prevalece o vale-tudo. Ao contrário, depende de cada um dar mais peso a uma dessas dimensões e manter sob controle a outra, sem jamais querer eliminá-la, senão ela voltará furiosa.

Essa decisão funda a ética; ou seja, o tipo de comportamento que assumimos como determinante, se o amor e o bem ou se o ódio e a maldade, mesmo que sempre venham misturados. Mas aqui surge o questionamento: Qual é a tônica dominante em nós? Que sentido e direção conferimos à vida?

Essa consideração nos obriga a ser realistas; nem demasiadamente confiantes na vida, nem demasiadamente suspeitosos. Temos de encontrar a justa medida – isto é, medir o mais e o menos e tomar a nossa decisão –, e a partir dela expressar nossos juízos de forma mais equilibrada e justa possível.

O terceiro dado de nossa natureza real: somos naturalmente seres de desejo. Se repararmos bem perceberemos que a estrutura do nosso desejo é o ilimitado. Estamos sempre desejando; ora isso, ora aquilo; nunca estamos satisfeitos. Isso se mostra claramente na figura do pescador ambicioso. Um desejo realizado é apenas um meio para um desejo ainda maior; o ponto de chegada é apenas um novo ponto de partida.

Em razão de sua estrutura desejante, o ser humano se descobre um projeto infinito, repleto de virtualidades. Surge como um ser de completa abertura: para o mundo, para o outro, para baixo, para cima e também para o Infinito.

O ser humano ainda não acabou de nascer

No íntimo, por impulso, o ser humano anseia pelo infinito, mas encontra apenas finitos. Por isso é um ser, por natureza, insaciável e, no fundo, naturalmente insatisfeito. Somente encontrando o Infinito adequado ao desejo infinito poderia descansar. Por essa razão, cada ser humano sempre se sente a caminho, na pré-história de si mesmo. É inteiro, mas incompleto; está sempre se completando, como se estivesse continuamente nascendo. Dá-se conta de que ainda não acabou de nascer porque seu desejo ilimitado, seu impulso infinito e interior não encontraram ainda seu objeto adequado e infinito que o faria repousar.

Aqui reside um grande desafio para cada pessoa: aprender a desejar adequadamente, saber escolher o objeto do desejo conveniente; se preenche uma necessidade, se é apenas dispensável porque induzido pela propaganda; saber autolimitar-se aos desejos; nunca pensar que um desejo realizado esgota toda a capacidade de desejar (um amor, uma casa, uma profissão, um sucesso na vida).

Se cometer esse equívoco, logo vai se frustrar, pois seu desejo infinito ultrapassa todos os desejos finitos alcançados. *Passar por eles, desfrutá-los, mas sem perder-se neles.* Devemos aprender a renunciar e a nos contentar com o alcançável, suficiente e decente, estando sempre abertos aos impulsos do desejo.

Qualquer excesso no desejo e na nossa ânsia ilimitada de não pôr limites a ele poderão nos frustrar, tornando-nos infelizes. Como dizem as escrituras judaico-cristãs: "o olho nunca se cansa de ver e o ouvido numa se cansa de escutar".

Destas reflexões concluímos: o tipo de relação agressiva contra o nosso entorno, contra a natureza, contra a Terra e uns contra os outros se revela no excesso de possuir, na opção pelo lado demente e pelo desejo desmesurado de conquistar, dominar pessoas, classes, povos, a natureza, a vida e de acumular poder e bens materiais sem limites, como o ambicioso pescador. Tal opção de fundo – pessoal, social e cultural – constitui a raiz, talvez a causa principal, do inquietante mal-estar generalizado e dos dramáticos perigos que atemorizam a humanidade e a Terra inteira. Tudo dependerá do tipo de relação que mantivermos para com a natureza e para com a Mãe Terra.

Capítulo 4

A justa medida

A ausência do senso de limite e a falta generalizada de moderação do homem moderno fizeram com que perdêssemos a relação para com os fundamentos que garantem o sustento de nossa vida: o alimento que exige solo fértil, água, climas regulados, florestas, biodiversidade e todos os nutrientes escondidos no subsolo da Terra. Esta pequena história que nos vem da Nigéria, África, faz-nos entender as graves consequências que esse tipo de comportamento acarreta.

As perguntas que os ancestrais nigerianos se faziam eram: Por que o céu ficou assim tão alto? Por que estando, um dia, à nossa mão, foi embora? Por que temos de lutar tanto para viver e sobreviver?

Por que o céu se afastou da terra?

Esta história responde às indagações daquele povo e também são válidas para nós:

Bem no começo de tudo o céu ficava bem perto da terra. Naquele tempo, os seres humanos não precisavam trabalhar. Sempre que tinham fome pegavam um pedacinho do céu, comiam, e assim se saciavam sem qualquer preocupação ou desejo maior.

Com o correr do tempo, porém, eles começaram a perder a moderação e a tirar mais e mais pedaços do céu do que precisavam para saciar a fome. O que estava aborrecendo o céu era o fato de que o excedente era jogado num vale profundo que funcionava como um grande lixão. Mesmo percebendo o incômodo do céu, os habitantes continuavam a tirar mais e mais pedaços, sem moderação, para além do que precisavam. O céu reclamava desta avidez desnecessária. Não queria de jeito algum que continuassem com esse comportamento desmedido e que pedaços dele fossem parar no lixão.

Como continuassem a tirar mais do que precisavam, o céu fez-lhes uma séria advertência: "Se vocês não se controlarem e sempre quiserem mais e mais pedaços sem necessidade, eu vou me afastar da terra". Por um curto espaço de tempo todos controlaram sua avidez, moderavam-se e tomavam, sem excesso, o que precisavam para comer. O céu se alegrou com a autossatisfação da população e continuou a ficar ainda perto da terra.

Mas certo dia um homem ousado, sem noção alguma dos limites impostos pelo céu, cortou um pedaço excessivo dele, comendo-o além da justa medida. Como ainda havia excesso de comida, ficou alarmado e chamou sua mulher para ajudá-lo no consumo. Esta também comeu desmedidamente, até se sentir mal. Mesmo assim, houve enorme sobra do pedaço tirado do céu.

O homem que havia cortado desmedidamente ficou transtornado. Então, chamou toda a população da vila. Todos comeram até mais do que podiam, ficando alguns com náuseas. Mesmo assim, sobrou muito daquele pedaço tirado do céu.

Não podendo mais comer, pois haviam ingerido além do suportável, decidiram coletivamente jogar a sobra no lixão, no fundo do vale.

O céu se irritou sobremaneira pela avidez, falta de cuidado, respeito e moderação daquelas pessoas. Ele simplesmente se afastou da terra, elevando-se bem alto, de forma que mais ninguém pudesse alcançá-lo; nunca mais conseguiram retirar nacos do céu e matar a fome.

Desde então, todos foram obrigados a se contentar com o suficiente que conseguiam extrair da terra, com um oneroso trabalho. Continuam trabalhando até os dias de hoje, recordando com saudade daquele tempo dourado no qual o céu estava ao alcance de suas mãos e lhes oferecia tudo o que precisavam moderadamente para viver.

A vida nada dá aos mortais sem muito trabalho

Se um dia alguém passar por aquelas paragens nigerianas poderá vê-los trabalhando a terra, humildes e em harmonia com a natureza, para tirar o alimento necessário à sua sobrevivência.

Esta é a lição clara que derivamos dessa história africana: o excesso, a avidez e a falta da justa medida, da moderação, da autolimitação de alguém prejudicaram uma população. O que antes era despreocupação pelo alimento, disponibilizado pelo céu e ao alcance da mão, foi perdido por causa da excessiva cobiça e da vontade de alguém possuir mais para si, esquecendo os outros.

Agora o alimento só será conseguido com muito trabalho e suor. Diziam os antigos, e isso vale também para os dias de hoje: "a vida nunca dá nada aos mortais sem muito trabalho".

Quando começou a falta da justa medida?

A falta da justa medida, a predominância do lado demente e a avidez do desejo que constatamos nas reflexões elaboradas e nas histórias relatadas acima vêm de longa data; vêm do *homem hábil,* há 2,4 milhões de anos.

Em eras geológicas posteriores surgiu o *homo faber*; isto é: o homem usuário de instrumentos e de ferramentas. Utilizando esses meios ele adquiriu acesso maior aos alimentos. O aumento do poder sobre a natureza levou lentamente à perda de sentido da justa medida e da autocontenção.

A irrupção da racionalidade no ser humano

Agora sim, o ser humano começou a se apossar mais rapidamente dos bens e serviços naturais. Delimitou os terrenos, criou cercas para separar o que considerava seu do que pertencia a outro. Ganhou força, passo a passo, a era da destruição dos equilíbrios da natureza, da Mãe Terra e da própria sociedade. Isso ocorreu com a aparição das desigualdades entre quem tinha mais poder e quem tinha menos.

Essa tendência de crescer sempre mais foi potencializada quando irrompeu o homem moderno, que somos nós, chamado de *sapiens sapiens*, há cerca de 100 mil anos. Ele vem dotado de um cérebro mais desenvolvido e com maior capacidade de razão. Uma coisa é ter razão desde há muito tempo; outra coisa é a *racionalidade*, o uso intensivo e instrumental da razão para projetar conquistas e mais conquistas na Eurásia, na Europa, na Oceania e por fim nas Américas. A partir da Europa foram criados verdadeiros impérios, usando a racionalidade e impondo-se pela dominação político-militar.

Mas sejamos justos. Nem sempre prosperou a agressão. Houve povos que souberam e ainda sabem se manter dentro dos limites, moderando-se, autolimitando-se e contentando-se com aquilo que a natureza dá. Buscam um equilíbrio dinâmico entre o que podem extrair da natureza e o que devem deixar para que ela descanse, podendo se regenerar e manter a sua biocapacidade para geração presente e para as futuras. Estes, particularmente os povos andinos, realizaram e ainda hoje realizam o assim chamado *bem-viver*, preservando sempre a harmonia e o justo equilíbrio. Para o bem-viver não há necessidade de que outros tenham que viver mal, como ocorre em nossa cultura.

Outros equilibram na justa medida a economia com a preservação dos bens e serviços da natureza; uma economia circular como, por exemplo, entre os nossos povos originários ou, indo mais longe, entre os samis da Noruega, da Escócia e da Sibéria, entre outros.

Entretanto, de forma nunca esclarecida totalmente, ocorreu no século V a.C. um fato curiosíssimo, chamado de *tempo do eixo*. Deu-se um salto no nível de consciência dos seres humanos. Praticamente, quase ao mesmo tempo e em lugares que não tinham nenhuma conexão entre si, verificou-se um fato com grandes consequências posteriores: a irrupção da razão crítica; quer dizer, um nível de conhecimento que não se contenta mais com as explicações tradicionais e convencionais, fundadas nos mitos e nas tradições, mas que procura ir além, visando conhecer racionalmente as causas e seus efeitos, como funciona a natureza, quais são os seus mecanismos, seus ritmos e suas leis internas.

Esse conhecimento conferiu muito mais poder aos seres humanos. Puderam interferir mais profundamente na natureza, em especial, tirando vantagens dela, como melhores mudas, sementes mais rendosas e safras mais abundantes. Além disso, escavaram o chão e as montanhas, retirando materiais que lhes permitiram fazer instrumentos como enxadas, pás, facas, espadas e outros utensílios metálicos.

Uma grande virada universal: o tempo do eixo

Mais ou menos no mesmo período, com Lao-Tsé e Confúcio na China, com Buda na Índia, com Zoroastro na Pérsia, com os profetas na Palestina, com os sábios maias na América Central e com Sócrates, Platão e Aristóteles na Grécia, deu-se uma surpreendente virada na consciência. Foi chamado o *tempo do eixo*. Esse período foi chamado assim porque, no nível da consciência coletiva de alguns grandes povos, ocorreu um giro, uma transformação que ninguém esperava. A partir daí a história passou a ter um novo rumo.

Todos eles deixaram para trás as narrativas míticas que explicavam as origens do seu passado longínquo e começaram a usar sistematicamente a razão, voltados para o futuro, para uma história sem limites temporais; na sociedade, na ética, na política, na filosofia, na história e na natureza. De repente passou-se a ver todas as coisas sob o ângulo da razão; somente se aceitavam os dados ou fenômenos que pudessem ser racionalmente justificados e entendidos. Vale dizer, passou a ser acolhido somente o que era aceito através de argumentos racionais, assimiláveis por todos.

Esse avanço intelectual ganhou especial força na Grécia no século V a.C. Foi tão profundo, que influenciou todas as culturas do mundo até os tempos atuais. Ele criou o que se chama de *paradigma ocidental*; isto é, uma forma de usar a razão argumentativa, um conjunto de ideias, de projetos, de visões de vida e de mundo, de formas de organizar a sociedade, com novos hábitos e valores. Usando a razão foram forjados instrumentos que facilitaram um conhecimento e um domínio maiores da natureza e que pudessem organizar a sociedade sob uma ordem racional.

A sociedade grega forjou, com seus políticos, pensadores, teatrólogos, engenheiros e escultores, uma visão de mundo orientada pela expansão em direção ao futuro. Em outras palavras, projetou-se a ideia do crescimento e do desenvolvimento sem limites.

Entretanto, inicialmente não foi assim. Pelo contrário, a cultura helênica foi marcada fortemente pela justa medida, por uma filosofia do equilíbrio dinâmico, pela ausência de todo excesso e arrogância.

Por exemplo, Péricles (495-429 a.C.) o grande estadista democrático, general e exímio orador em Atenas, deixou-nos esta brilhante afirmação que expressa o espírito de equilíbrio e de justa medida, com marcas visíveis até hoje, nas ruínas gregas em Atenas, na Acrópole, em Corinto, em Delfos, em Olímpia e nas muitas ilhas do Mediterrâneo. Péricles deixou dito brilhantemente:

> Amamos o belo, mas com frugalidade. Dedicamo-nos à sabedoria, mas sem vanglória. Usamos a riqueza para empreendimentos necessários, sem ostentações inúteis. A pobreza não é vergonhosa para ninguém. Vergonhoso é não se fazer o possível para evitá-la.

Reparem o senso de equilíbrio e o sentido da justa medida em todas as coisas referidas. O lema que os inspirava, escrito em letras garrafais no pórtico do grande templo de Delfos, era: nada em excesso (*medén ágan* em grego; *ne quid nimis* em latim). Esse equilíbrio pode ser observado nas colunas dóricas e jônicas, como também nas estátuas de Fídias, o maior escultor do mundo grego. Tudo era regido pelo *metron* – quer dizer, pelo metro –, tido como padrão oficial de medidas.

Essa época áurea durou apenas uma geração e meia. Aí o tempo do eixo ganhou uma conotação excepcional. Ele não durou muito, mas o tempo suficiente para deixar marcas indeléveis que conformaram toda a história do Ocidente e, de certa forma, a história mundial. Mas passou.

Os governantes gregos se deram conta de que, usando a razão, podiam aprofundar a dinâmica de expansão e de crescimento em direção ao futuro ilimitado. A cobiça entrou em cena, bem como a disposição de violar qualquer medida.

Exatamente na Grécia, que cultivava todas as virtudes de contenção, de justa medida e de equilíbrio, irrompeu, por força da razão, o espírito de expansão ilimitada, a avidez de criar colônias e a ganância de estender os limites de sua cultura e de sua influência até onde seus exércitos e suas naves pudessem chegar. Onde ficou a *justa medida, o caminho do meio,* o ótimo relativo do *nem demais nem de menos,* o equilíbrio dinâmico? Iniciou-se uma nova era que ainda está em curso.

Quem é grande, o mosquito ou Alexandre o Grande?

Exemplo indubitável dessa virada histórica, expressa na vontade imoderada de poder e de ruptura de toda a medida, passou pela cabeça de um jovem imperador, Alexandre o Grande (356-323 a.C.). Em sua ambição excessiva (*hybris*), realizou uma das maiores façanhas militares da história conhecida. Com apenas 23 anos de idade, fundou um império que ia do Adriático até o Rio Indo, na Índia. Foi chamado, com razão, de o Grande.

Mas cabe observar que, não obstante todo o seu poderio, bastou ser mordido por um mosquito chamado de *febre ocidental do Nilo* para morrer em poucos dias. Quem aqui é o grande? O imperador ou o mosquito da febre? A expansão ilimitada de seu império vem carregada de consequências. Ela se transformou em demonstração e em símbolo daquilo que estamos refletindo: a irrefreável ruptura com todo e qualquer limite no afã de dominar tudo o que se apresentar ao ser humano, especialmente os diferentes, as pessoas, os outros povos e a natureza.

Vigorou, desde então, a cobiça desmesurada de extrair da natureza todas as riquezas e os benefícios possíveis, especialmente ouro, prata, madeiras nobres e especiarias. Para o limbo foram mandados o equilíbrio, a autolimitação e a moderação.

As conquistas se fizeram a ferro e fogo. No século XVI os colonizadores ibéricos e outros europeus cometeram um dos maiores genocídios da história. Em algumas dezenas de anos, 70 milhões de povos originários morreram, por doenças transmitidas pelos brancos, para as quais não possuíam imunidade, em guerras de extermínio, pelo trabalho forçado e pela miscigenação imposta.

Essa vontade de poder como dominação deu origem a consequências sinistras, cuja gravidade só foi notada nos últimos tempos: deixamos de reconhecer limites no saber, no ter, no poder, no acumular, no consumir, no dominar e até no destruir tudo, inclusive nós próprios. Há algum tempo estamos tentando dominar o espaço exterior da Terra, indo à Lua e a Marte com o mesmo ambicioso projeto de encontrar riquezas e de aumentar o poder.

A Terra, apenas um baú de recursos?

Para os mestres fundadores desse modo de viver e de organizar a sociedade (Galileu Galilei, Descartes, Newton, Kepler, Copérnico, Bacon e outros), a Terra e a natureza só valiam à medida que servissem a seus interesses de poder e de acumular. Ela deixou de ser vista, não obstante a antiguidade oriental e ocidental, como uma entidade viva, a grande e generosa Mãe. Passou a ser considerada "mera coisa extensa e sem propósito", uma espécie de baú repleto de recursos a serem explorados.

Essa expansão, saída da África, de onde surgiu a espécie humana, foi levada avante, por mar e por terra, a todos os lugares, ganhando relevância na Europa. Esta, com a utilização da razão e da técnica, passou a conquistar e a submeter praticamente todo o mundo conhecido de então, inclusive o Brasil.

Resumindo: a ideia-força da Modernidade é a *vontade de poder*. Mas o poder entendido como *dominação* de outros continentes, de outros povos, de outras classes, da natureza, da matéria e da própria vida. Ou seja – utilizando uma figura de linguagem –, é o *punho cerrado* para subjugar e dobrar os povos, a natureza e a própria Terra. Já não é mais a *mão estendida* para entrelaçamento solidário com outras mãos, para somar forças e cuidar melhor da criação sob o espírito da justa medida e da moderação.

Logo se tornou evidente que onde impera o poder já não há lugar para o amor e para a ternura. O ser humano ganhou em poder mas perdeu em sensibilidade, em empatia e em humanidade. Isso perdura tristemente até os dias de hoje e se radicalizou com a intrusão do Coronavírus a partir de 2019.

A natureza devastadora da ambição ilimitada

O sistema capitalista que lentamente se implantou em todo mundo, ganhando várias formas políticas, sempre guardou sua dinâmica interna, que é a acumulação de bens, serviços e benefícios sem limite algum. A própria globalização que, no fundo, representa uma nova fase da Terra e da humanidade, foi utilizada pela economia capitalista e pela cultura do consumo, que acabou ocupando todos os espaços. Mesmo as inovações e as eventuais alternativas surgidas são sutilmente incorporadas às características do capital. Sempre há pessoas que assumem seus mantras e entram de corpo inteiro em sua lógica.

As narrativas por que são circunstanciadas explicam melhor os problemas do que as muitas e sutis reflexões.

Vamos contar uma do grande escritor russo Leon Tolstói (1828-1910), famoso por seu romance *Guerra e paz* e *Ana Karenina*. Ele foi um pacifista, contrário a todo tipo de violência. Gandhi, expressão maior da não violência ativa, confessou que foi convertido literalmente lendo os textos de Tolstói.

Numa roda, cercado de rústicos peões de sua fazenda Iasnaia Poliana, Tolstói contou-lhes esta história, cheia de detalhes interessantes. Eu me permito resumi-la, pois isso é suficiente para expressar mais claramente o que significa o nosso insaciável desejo de ter sempre mais, e assim frustrar a justa medida. Tolstói deu o seguinte título à sua narrativa: De quanta terra precisa um homem.

Havia um camponês que trabalhava num pedaço de terra não muito fértil. Labutava muito, mas não obtia resultado satisfatório. Ele invejava os vizinhos, que tinham terras maiores e safras mais abundantes. Aborrecia-se sobremaneira pelos pesados tributos que deveria pagar pelo pouco de terra e dos parcos ganhos.

Um dia pensou muito e tomou esta decisão: "Vou com minha companheira para longe daqui, em busca de terras melhores". Soube que a muitas léguas de sua casa havia ciganos que vendiam terras muito baratas e até por preços irrisórios quando viam alguém necessitado mas disposto a trabalhar.

Esse camponês, desejoso de possuir mais terra para cultivar e ficar rico, pensou: "Vou fazer um pacto com o diabo. Este vai me dar sorte". Disse isso à sua mulher, que torceu o nariz e o advertiu: "Meu marido, cuidado com o diabo. Nunca sai coisa boa fazer pacto com ele. Essa sua cobiça ainda vai pô-lo a perder".

Mas, por insistência do marido, resolveu acompanhá-lo para realizar o seu ambicioso projeto. Ambos partiram, levando poucos pertences.

Chegando às terras dos ciganos se depararam com o diabo, todo apessoado, dando a impressão de ser um influente mercador de terras. O camponês e sua mulher cumprimentaram educadamente os ciganos. Quando iam expressar seu desejo de adquirir terras, o diabo, sem cerimônias, logo se antecipou e disse: "Bom senhor, vejo que veio de longe e é tomado por um grande desejo de possuir boas terras para plantar e fazer alguma fortuna. Tenho uma excelente proposta para o senhor, melhor do que a dos ciganos. As terras são baratas; estão ao alcance de seu bolso. Faço-lhe a seguinte proposta: o senhor deixa uma quantia razoável numa bolsa, aqui onde estou. O território que percorrer durante todo o dia, do nascer ao pôr do sol, será seu, se estiver de volta antes de o sol se esconder atrás do horizonte. Caso contrário, perderá as terras percorridas e o dinheiro da bolsa".

Os olhos do camponês, ávido por mais e mais terras, brilharam de desmedida emoção. Ele respondeu: "Acho uma excelente proposta. Tenho pernas fortes e aceito. Amanhã bem cedo, ao nascer do sol, correrei todo o território que minhas pernas puderem alcançar".

O diabo, sempre excessivamente malicioso, sorriu todo faceiro.

De fato, bem cedo, mal o sol rompeu a fímbria do horizonte, o camponês, tomado de cobiça, se pôs a correr. Correu e correu muito. Pulou cercas, atravessou riachos e, não contente, sequer parou para descansar. Viu diante de si uma ridente planície verde e logo pensou: "Aqui vou plantar trigo em abundância". Olhando à esquerda, descortinava-se um vale muito plano e pensou: "Aqui posso fazer toda uma plantação de linho". Subiu, um pouco ofegante, uma pequena colina e eis que lá embaixo surgiu um campo de terra virgem. Logo pensou: "Quero também aquela terra. Nela vou criar gado e ovelhas, enchendo as burras com dinheiro a mais não poder". E assim percorreu muitos quilômetros, não satisfeito com o que tinha conquistado, pois os lugares que via eram atraentes, férteis e alimentavam seu desejo incontido de possuí-los.

De repente olhou para o céu e se deu conta de que o sol estava se pondo atrás da montanha. Disse para si mesmo: "Não há tempo a perder. Tenho de voltar correndo mais e mais, senão perderei todos os terrenos percorridos e, além do mais, o dinheiro". Nisso se lembrou do que dizia seu avô: "Um dia de dor, uma vida de amor".

Pôs-se a correr em uma velocidade desmedida para suas pernas cansadas, não reparando seus músculos retesados. Chegou a tirar a camisa e abandonar a bolsa com um pouco de comida. Sempre olhava a posição do sol, já perto do horizonte, enorme e vermelho como sangue, mas ainda não havia se posto totalmente. Mesmo cansadíssimo, corria mais e mais, e já nem sentia as pernas de tanto se esforçar. Pesaroso pensou: "Talvez abarquei demais e posso perder tudo. Mas sigo em frente".

Vendo ao longe o diabo solenemente de pé e ao seu lado a bolsa de dinheiro, recobrou mais o ânimo, certo de que iria chegar antes de o sol se pôr. Reuniu todas as energias que tinha e fez um derradeiro esforço. Pulou uma cerca, atravessou um riacho, sem pensar nos limites das pernas. Não muito longe da chegada, atirou-se para frente, quase perdendo o equilíbrio. Refeito, ainda deu alguns passos longos.

Foi então que, extenuado e já sem força alguma, estatelou-se no chão e morreu. A boca sangrava e todo o corpo estava coberto de arranhões e de suor.

O diabo, maldosamente, apenas sorriu. Indiferente ao morto e ganancioso, olhava para a bolsa de dinheiro. Deu-se ainda ao trabalho de fazer uma cova com o tamanho do camponês e ajeitou-o lá dentro. Eram apenas sete palmos de terra, a parte menor que lhe cabia de todos os terrenos andados. Não precisava mais do que isso. A mulher, como que petrificada, assistia a tudo, chorando copiosamente.

Esta história bem poderia ter sido escrita pelo poeta pernambucano João Cabral de Melo Neto (1920-1999), que nos deixou a comovente obra *Morte e vida severina* (1995). No funeral do lavrador foi dito:

> Esta cova em que estás com palmos medida
> É a conta menor que tiraste em vida [...]
> É a parte que te cabe deste latifúndio

A mulher do camponês estava certa em sua advertência ao marido: "Cuidado com o diabo. Nunca sai coisa boa fazer pacto com ele. Essa sua cobiça ainda vai pô-lo a perder". E assim aconteceu. Toda a ganância de ter mais e mais um dia será castigada.

De tudo que pretendeu possuir, correndo como louco, de lugar em lugar e desejando todos os terrenos atraentes que via, o ávido camponês, no final das contas, caiu morto de cansaço. Só lhe restou os sete palmos para a sua sepultura, a parte que lhe coube dos vastos terrenos corridos que pretendia possuir.

Capítulo 5

Do que realmente precisamos?

Pensemos em nosso cotidiano. A voracidade das empresas de se expandirem sempre mais em todo o planeta, e dessa forma aumentar seu poder e diversificar seus lucros; a nossa cultura consumista que nos faz adquirir mais e mais coisas: uma casa de praia, imóveis para aluguel, aplicações bancárias, roupas novas, computadores de última geração etc., na maioria prescindíveis.

Se entramos num *shopping* ficamos aturdidos pela profusão de produtos que exacerbam nosso desejo de possuir. Se pararmos um pouco para pensar do que realmente precisamos para viver nos daremos conta de que mais de 80% de tudo o que nos é oferecido é desnecessário.

O que realmente precisamos é de alimento (um pedaço de pão, um pouco de batata-doce etc.), de alguns legumes ou folhas comestíveis, de água potável e algumas peças de roupa. E nada mais. Vende-se de tudo, não tanto para atender a necessidades humanas, mas para auferir lucros e ganhar dinheiro.

Não raro, a mentalidade consumista leva as pessoas a correrem de loja em loja para procurarem produtos divulgados pelas propagandas que gritam absurdamente: "corra, corra porque é a última oportunidade". E os consumistas vão correndo para não perderem a oportunidade de comprar.

Sem nunca se contentarem, aqueles que se entregam absurdamente ao consumo desnecessário tornam-se reféns do voraz desejo e da avidez de comprar cada vez mais. Esse desequilíbrio deixa as pessoas atordoadas e incapazes de dominar seu desejo de ter sem medida.

Há famílias que todos os dias frequentam *shoppings* e lojas especializadas para fazerem compras pelo puro prazer de comprar.

Reféns da cultura consumista do capital

O que faz a ganância e a falta de autocontenção! As pessoas voltam com sacolas cheias e o coração vazio. Recordemos a esposa do pescador ambicioso; ela não era ambiciosa, mas apenas conivente com os desejos desenfreados do marido. Tinha consciência clara dos excessos dele, advertindo-o e relutando em atendê-lo. Porém, acabou não resistindo às coações dele e acabou, humilhada, atendendo ao absurdo desejo de ele ser como o bom Deus, que faz nascer o Sol e Lua. Participou da desgraça do marido, voltando à antiga miséria de uma pobre choupana.

Já se disse acertadamente que o ser humano é tomado por duas fomes: a de pão, que é saciável (imóveis, roupas, terrenos) e a de beleza, de transcendência (Deus, valores espirituais de amor, de bondade, de compaixão), que é insaciável. Mas é esta que confere sentido de plenitude e abre para algo maior.

Acumular mais e mais, sem moderação, bens materiais nunca preencherá o coração de ninguém com alegria e verdadeira satisfação. Resta, não raro, uma profunda solidão, habitada por objetos excessivos e supérfluos que não falam, não consolam e muito menos pacificam a alma, sedenta de beleza de reconhecimento e de amor. Somos feitos reféns da cultura consumista do capital que, para se manter e se reproduzir, precisa espoliar os cada vez mais escassos bens e serviços da natureza.

Os gregos diriam: é o castigo dos deuses que não toleram a ganância de acumular desmedidamente (*hybris*), que incapaz de renúncia aos apelos do desejo ilimitado, despertado pelo *marketing*. A perda do senso de equilíbrio e da justa medida sempre cobra o seu preço em vazio e ausência sofrida de um sentido de vida mais plenificador.

A economia do desejo excessivo: nunca é suficiente

Por ser biologicamente carente e deficiente, tendo um espírito habitado por desejos sem limites, o ser humano precisa garantir sua subsistência extraindo da natureza os alimentos necessários mediante continuado trabalho, e hoje de forma técnico-científica. A essa diligência chamamos de economia. É uma palavra que vem do grego e nos oferece o exato sentido dessa atividade: a economia dá as razões que devemos seguir (*nomia*) para garantir as provisões da casa (*eco*). Todos entendem de provisão da casa, pois precisam se alimentar diariamente.

Entendida assim, a economia em si é simples, pois todos sabem do que se trata. Entretanto, a casa (*eco, oikos*) deixou de ser meramente casa; ela se estendeu e se transformou numa vila, numa cidade, numa metrópole, num país e na própria Casa Comum, a Terra.

De que maneira garantir que todos tenham o suficiente e o decente para viver dentro da Casa Comum? Não apenas nós, seres humanos, pois não precisamos ficar centrados somente em nós mesmos (*antropocentrismo*), mas garantir também aos demais seres vivos o alimento necessário. A Terra igualmente os criou e provê a fauna e a flora com tudo o que precisam para poderem viver e se reproduzir. Também há uma economia da Terra; isto é, garantir a ela, por meio de seu uso inteligente, sua sustentabilidade, sua biocapacidade e sua integridade, de modo a ser habitável e uma verdadeira Casa Comum.

Os absurdos excessos na economia

Pelo fato de os alimentos serem escassos, verifica-se sempre uma corrida para garantir o suficiente e manter certa reserva para as necessidades posteriores. É então que no campo da economia ocorrem os maiores excessos. Entra a concorrência desenfreada, a cobiça, a ganância, a ausência da autolimitação e o desejo de acumular mais e mais, a ponto de se perder a virtude da justa medida e o sentido da solidariedade para os que vivem hoje e viverão futuramente, a assim chamada *solidariedade intergeracional*. Esse espírito garantiria que outros também pudessem assegurar os meios de sua subsistência. Mas a maioria é vítima do individualismo da cultura do capital, pensa mais em si do que nos outros e nas futuras gerações.

Por causa dessa ocorrem, no âmbito da economia, os maiores excessos: os monopólios e oligopólios, a corrupção, as falcatruas, a sonegação de impostos devidos, os roubos e a dupla superexploração, da natureza e dos seres humanos. Por não haver justiça social e adequada redistribuição dos bens necessários para a vida, na economia ocorrem as maiores desigualdades, injustiças sociais, pecados sociais e estruturais, que ofendem o Criador e seus filhos e filhas.

Hoje, 1% da população mundial mais rica possui mais da metade da riqueza existente no planeta. Enquanto isso, os 99% têm que se contentar com aquilo que sobra, e por isso sofrem as maiores necessidades. No Brasil, os 10% mais ricos retêm quase 75% de toda a riqueza nacional.

Os mais notáveis analistas econômicos mundiais, analisando os dados de nossa economia, chegaram a afirmar que o Brasil está dentro do 1% mais rico do mundo, detendo a maior concentração de renda do planeta. Os milionários brasileiros ficam à frente dos milionários do Oriente Médio, que acumulam fortunas fantásticas devido ao petróleo que extraem, refinam e exportam.

Os nossos milionários brasileiros, senhores de terras, dos meios de comunicação, como rádio e televisão, e também, em grande parte, os que foram investidos de poder político nunca estão satisfeitos, querem mais e mais, ultrapassando, para nossa vergonha, a injustiça internacional. A maioria guarda suas fortunas em paraísos fiscais ou em grandes bancos estrangeiros, geralmente na Suíça.

Por aí se entendem as profundas desigualdades sociais vigentes no Brasil, cuja principal origem se encontra na escravidão. Os negros escravizados não podiam possuir nada; eram tratados como carvão a ser queimado no processo de produção e tratados como *subgente*. Com a abolição em 1888, não lhes foi dado um pedaço de terra para morar e trabalhar. Não mais escravos, conheceram outro tipo de escravidão, a da fome, da saúde, da falta de moradia e especialmente da falta de respeito por sua dignidade humana.

A África é muito mais pobre do que nós; porém, é muito menos desigual, haja vista que, devido à sua cultura tribalista, repartem melhor os frutos do trabalho. Conhecem a palavra, hoje mundializada, *ubuntu*: "eu só sou eu por meio de você". Daí nasce o sentido da importância do outro, de seu respeito e do sentimento de solidariedade e de empatia. Um corrobora com o outro para ser gente.

Vítimas do desejo desmedido: duas histórias

Como das outras vezes, duas histórias antigas e semelhantes nos farão entender melhor a lógica voraz do sistema do qual todos, de alguma forma, seremos reféns, se não controlarmos nossos desejos desenfreados. Há o risco de termos o mesmo destino do Rei Midas que, cercado de ouro, quase morreu de fome. Há muito tempo circulavam estas duas histórias semelhantes:

A trágica história do ousado Ícaro

Ícaro era filho de um artesão criativo, criador de muitos artefatos disputados especialmente pelas famílias ricas e até por reis. Ícaro, conhecedor das habilidades do pai, pediu a ele para que lhe construísse um par de asas para voar. Sempre que olhava para o céu sentia o irresistível desejo de voar o mais alto que pudesse.

O pai, prudente e conhecendo a ousadia do filho, nunca o atendeu. Por mais que o filho lhe suplicasse pelo par de asas, sempre protelava o atendimento do pedido. Entretanto, Ícaro insistia muito, pois queria, a todo custo, realizar seu ousado desejo. Parecia até que o céu o estava chamando para voar alto. Depois de muito insistir, o pai finalmente atendeu ao desejo do filho amado. Preparou um par de belas e vigorosas asas. Uma cera especial prendia fortemente as penas para que pudessem ficar bem coesas e resistentes.

Ícaro ficou extasiado com a obra muito bem-acabada de seu pai. Antes de ajeitar no corpo aquele par de asas, ouviu estas advertências: "Filho, atendi ao seu insistente desejo que eu, sinceramente, acho exagerado e até arriscado. Mas que se cumpra a sua persistente vontade. Escuta bem o conselho que seu pai lhe dá: Não voe muito baixo perto do mar porque os respingos das ondas podem molhar as penas. Elas ficarão demasiadamente pesadas e você não conseguirá mais erguer voo e realizar o seu desejo. Também não voe muito alto, para perto do Sol, pois o calor derreterá a cera que mantém as penas bem unidas".

Tomado de incontida alegria e cheio de entusiasmo, Ícaro ajeitou as asas ao corpo e se lançou ao espaço. Deu-se conta de que podia voar cada vez mais alto, esquecendo-se da advertência do pai. Adquiriu uma altura sempre maior, até se acercar do Sol. De repente, a cera se derreteu com o calor. Ícaro, desesperado, se segurou como pôde, mas acabou se precipitando daquela altura, afogando-se no mar. Morreu como vítima de sua demasiada ambição.

O triste fim do imprudente filho do Sol
Seu nome era Faetonte. Tinha orgulho de seu pai que usava uma potente carruagem com briosos cavalos, com os quais percorria todo o céu, iluminando tudo, do nascente ao poente, dia após dia.

A admiração pelo pai Sol, unida à vontade imoderada de poder fazer o que ele diariamente fazia, levava-o a suplicar: "Pai, deixa-me, pelo menos por uma única vez, dirigir a carruagem com os soberbos cavalos. Quero percorrer o céu, do nascente até o zênite e depois até o poente. Quero ser como você, que, com extremo equilíbrio, conduz a carruagem e traz luz e calor a todos na Terra".

O Sol fazia de tudo para dissuadir o filho a abandonar aquele desejo ambicioso. Dizia-lhe: "Filho, não pense que é fácil dominar os cavalos, pois eles podem se desembestar e virar a carruagem. É preciso ter muita habilidade para segurar bem as rédeas e manter o equilíbrio entre os cavalos, para que corram emparelhados e todos puxem a carruagem harmonicamente e na mesma direção. Faz-se necessário muita prudência, sabendo puxar as rédeas nem demais e nem de menos, e assim mantê-los unidos. É o que faço sempre, dia após dia".

Mas Faetonte não aprendera a renunciar e não se contentava com as negativas do pai Sol. Não se cansava de dizer: "Pai, quero ser como você. Vou mostrar-lhe minha habilidade e também quero, com a carruagem e os briosos cavalos, percorrer o céu, desde o nascente até o poente. Quero deixá-lo orgulhoso de mim".

O pai Sol não se cansava de recomendar-lhe muita prudência, pois sabia da força dos cavalos e da dificuldade de encontrar a justa medida entre puxar as rédeas e afrouxá-las. Mas cansado de ouvir o pedido do filho, o Sol resolveu, enfim, dar-lhe uma oportunidade. Preparou a carruagem e os cavalos. O filho, todo feliz e orgulhoso, logo se lançou ao céu, confiante em sua destreza. Mas não demorou muito e afrouxou excessivamente as rédeas. Os cavalos correram loucamente para cima. O filho puxou excessivamente as rédeas e eles desceram rapidamente até bem perto do chão. Foi tão perto do solo que os campos pegaram fogo, casas foram incendiadas e até os rios secaram pelo excesso de calor. Nisso caiu sobre o afoito filho do Sol um raio, fulminando-o. Eis a consequência da incapacidade de se automoderar e de manter o exato equilíbrio dos cavalos.

Tiremos uma lição; o erro de Ícaro e do filho do Sol, Faetonte, foi de não terem respeitado o caminho do meio e a justa medida: nem voar demasiado baixo nem demasiado alto. Ícaro sucumbiu à tentação de voar cada vez mais alto até se aproximar do Sol. Faetonte não soube controlar com justa medida as rédeas dos cavalos e chegou tão baixo, a ponto de queimar tudo o que estava por perto. O excesso de autoconfiança (*hybris*) provocou o fim trágico dos dois. Eles foram vítimas do excesso de ambição.

Se os gregos estivessem no meio de nós diriam: "Estão vendo? Os dois jovens foram demasiadamente ambiciosos, deixaram-se levar pela *hybris* (o desejo excessivo). Foram punidos pela divindade, ciosa da justa medida. Ela nunca perdoa quem rompe os limites e se expõe excessivamente. "Busquem sempre o caminho do meio, o ótimo relativo, que não é o demais e nem o de menos; procurem a louvável moderação. Se observarem essa lei maior jamais correrão riscos, tendo vida longa, tranquila e a benevolência do alto".

Estes conselhos valem para os nossos dias. Precisamos da técnica para atender às necessidades de nossas sociedades complexas. A técnica deve estar, em primeiro lugar, a serviço da vida, e somente em seguida ir ao mercado, no qual reina a concorrência e a demasiada vontade de lucrar.

A elite do dinheiro, em sua falta de autolimitação e tomada pela excessiva ambição, já enviou naves espaciais ao Planeta Marte para explorar as eventuais riquezas lá existentes. É a ganância desmesurada que não se contenta com aquilo que a Terra nos dá abundantemente. Não há limites para o desejo que é insaciável e aumenta sempre mais.

Essa incapacidade de se contentar dentro dos limites impostos pela Terra poderá levar os seres humanos a terem o mesmo destino trágico de Ícaro e Faetonte: desejaram demais e acabaram com a própria vida.

Estas duas histórias valem como advertência à voracidade do desejo, sempre explorado pela propaganda para se adquirir os últimos lançamentos e participar de promoções; ou então, adquirir mais e mais latifúndios para a monocultura de soja, cana de açúcar, milho e criação de gado.

Convém lembrar que os tempos de hoje não são como os de outrora, quando a Terra possuía bens naturais preservados. Devido à lógica do capitalismo de sempre querer crescer, chegou-se aos limites insuportáveis da Mãe Terra. Ela ficou doente e exausta devido à demasiada exploração de seus bens e serviços naturais. Como formamos uma grande unidade, *Terra e Humanidade*, adoecendo a Terra, nós humanos também adoecemos, gerando um círculo vicioso. Temos, pois, de nos cuidar mutuamente e, juntos, mantermos nossa vitalidade e capacidade de regeneração.

Uma economia do indecente e do insuficiente

Retomemos o conto do pintor alemão sobre "o pescador ambicioso e o peixe encantado". Aquele homem obedecia à mesma lógica presente no sistema de produção capitalista, que visa crescer mais e mais. O desejo do pescador não conhecia limites, como o sistema capitalista também não os conhece. Este parte de uma premissa falsa de que os bens e serviços da Terra são ilimitados, o que permite também um crescimento e um desenvolvimento ilimitados.

A realidade está mostrando a falsidade dessa premissa. A Terra, superpovoada e já próxima ao esgotamento de sua biocapacidade – vale dizer, de se regenerar e continuar a produzir vida –, não aguenta essa superexploração. Todos os sinais "estão no vermelho" e a Terra entrou no "cheque especial".

Perdemos a justa medida face aos limites da Terra, como também o pescador ambicioso não punha medida alguma à sua ambição de ter mais e mais, e até de ser como Deus. Sobreveio a tragédia de ser reconduzido à sua pobreza inicial.

Tememos que, se continuar a mesma lógica de uma economia indecente, como indecente era o ritmo dos desejos do pescador, possamos ter o mesmo destino dele; ocorrerá uma tragédia ecológico-social que poderá custar muitas vidas humanas e vidas da natureza.

Em sua maioria, as pessoas não querem nem ouvir falar dos limites da Terra, e continuam com o mesmo fervor depredador. Pelo que conhecemos das reações da Terra, temos boas razões para concluir que o projeto de desmesurada pilhagem de seus bens naturais não dure muito tempo. A Terra mesma vai derrotar definitivamente esse sistema devastador. Ele poderá conhecer uma longa agonia. Pelo fato de preferir dar os dedos, as mãos e a própria vida para continuar a acumular e aumentar seu poder, terminará num caminho sem retorno e trágico.

A bioeconomia, a economia circular e a economia solidária

Como vimos anteriormente, a África, saqueada pelo colonialismo, ficou muito mais pobre do que nós. Porém, é muito menos desigual, pois, devido à sua cultura tribal, reparte melhor os frutos do trabalho. Praticam o *ubuntu*, palavra hoje mundializada, que tem o seguinte significado: "eu só sou eu por meio de você". A esse propósito convém contar um fato corriqueiro que concretiza o que significa viver realmente o *ubuntu*, até entre as crianças.

Um viajante europeu ficou impressionado com a cultura cooperativa e comunitária dos africanos. Passou a observar que ela aliviava a pobreza generalizada mediante um sentido profundo de cooperação. Quis saber as razões desse tipo de solidariedade. Ao visitar uma pequena vila fez um teste com um grupo de meninos que brincava numa área bastante arborizada. Ele comprou uma cesta cheia de diversas frutas e a colocou debaixo da árvore principal do lugar. Propôs aos jovens: "Fiquem todos em fila, um ao lado do outro. Quando eu disser 'corram', partam velozmente em direção à árvore com a cesta de frutas. Quem chegar primeiro poderá comer sozinho e à vontade todas elas".

Ao dar o sinal de partida, assistiu a uma cena inesperada. Todas as crianças se deram as mãos e, juntas, correram até a árvore com a cesta de frutas. Sentaram em círculo e todas começaram a comer, alegremente. O visitante branco europeu, muitíssimo surpreso, perguntou por que tinham feito aquilo. Não seria apenas um que levaria o prêmio? Foi então que ouviu em uníssono a palavra gritada por todas as crianças: *Ubuntu! Ubuntu!* Ele disse que não conhecia aquela palavra. Então, uma das crianças, que parecia ter mais idade do que as outras, explicou-lhe: "Como só um de nós poderia ficar feliz se todos os demais ficassem tristes?" E acrescentou:

"Senhor, a palavra *ubuntu* significa isso para nós: "Eu só posso ser eu por meio do outro". "Sem o outro eu não sou nada e ficaria sempre sozinho. Sou quem sou porque somos todos nós. Por isso, repartimos tudo entre nós, colaboramos uns com os outros e, assim, ninguém fica de fora e triste. Assim fizemos com a sua proposta, comemos todos juntos. Todos ganhamos a corrida e, juntos, desfrutamos dos bons frutos que nos trouxe. Entendeu agora?"

Assim, o visitante branco se deu conta de como a sua cultura europeia era diferente daquela africana. A sua, europeia, é individualista, e em tudo favorece a competição, e não a colaboração. A africana, ao contrário, é colaborativa, incluindo todos. Por isso, concluiu que esta cultura é muito melhor do que a sua. Consequentemente, começou a admirá-la e divulgá-la por onde passava, percebendo que nisso estava o segredo da felicidade e da verdadeira humanidade.

Este pequeno relato é o contrário da cultura capitalista. Esta imagina que alguém é tanto mais feliz quanto mais pode acumular individualmente e usufruir sozinho. Por causa disso há tanto egoísmo, falta de generosidade e ausência de colaboração entre as pessoas. A alegria (falsa) é de poucos ao lado da tristeza (verdadeira) de muitos. Para alguém viver bem em nossa cultura muitos devem viver mal.

Capítulo 6

Toda virtude tem o seu contrário: o excesso

Tudo o que é sadio pode ficar doente. Assim, as virtudes podem ter seus excessos, que viram vícios.

A detestável arrogância

A humildade é seguramente, entre as muitas virtudes, uma das mais apreciáveis e louváveis. Os grandes em qualquer campo soem ser humildes. Não se sentem cômodos com a exposição e a exaltação de sua pessoa e obras, pois são conscientes das limitações humanas e que a nossa ignorância é incomensuravelmente maior do que qualquer conhecimento.

A arrogância é oposta à humildade. Dentre as atitudes excessivas, ela é uma das mais graves, podendo ser pessoal ou coletiva. A pessoa arrogante se julga sempre melhor do que os outros, superior em conhecimentos; empenha-se em rebaixar os outros e até mesmo desprezá-los; atribui a si qualidades que nem chega a possuir; vive com o nariz levantado e a voz mais elevada. A grande maioria das pessoas não se aproxima da pessoa arrogante, por isso ela sofre de certo isolamento; sua empáfia humilha e afasta as pessoas.

Essa atitude arrogante também se expressa no orgulho de ser, por exemplo, descendente de brancos europeus. Conhecemos o supremacismo nos Estados Unidos e também em outros países, menosprezando pessoas de outras origens étnicas, especialmente os afrodescendentes e os indígenas. Também é possível constatar o orgulho arrogante de ser *macho*, de virilidade autoproclamada.

A arrogância se soma quase sempre à vaidade. Julga-se o mais elegante da redondeza e de aparência mais atraente do que a de qualquer outro. O vaidoso vive fazendo *selfies* para se autocontemplar e se convencer de que, de fato, brilha mais do que os outros, até pela roupa de marca que veste e do estilo de sapato que calça. Ele gosta de se aparentar irresistível sedutor.

Dentre as formas de arrogância, quiçá a mais perigosa de todas seja a da cultura ocidental. Não basta, como já vimos, ter sido difundida e dominado todo o mundo. Pretende-se ter a melhor religião, revelada por Deus, o cristianismo; a melhor forma de governo, a democracia; a melhor tecnociência, tão poderosa que pode destruir tudo, inclusive a vida no planeta (e ela mesma); a melhor literatura; os pintores mais geniais; os filmes mais bem acabados da história; as mais sofisticadas vias de comunicação virtual...

Essa arrogância ocidental, em nome de sua supremacia, dá-se o direito de intervir em outros países, impor seus valores e formas de organização e *american style of life* (o estilo de vida americano caracterizado pelo consumismo e pelo desperdício).

Amplos setores do poder nos Estados Unidos pretendem ser *o novo povo de Deus*, os portadores de *um destino manifesto* que os torna *exclusivos* para levar a toda a humanidade a liberdade (de poder acumular sem limites), os direitos humanos (dos mais fortes), a democracia (controlada pelos donos do poder econômico, político, militar e midiático) e, por fim, a excelência da propriedade privada (sem o sentido de sua função social).

Notórios analistas mundiais chegam a admitir que o maior fator de desestabilização mundial de hoje é a cultura ocidental. Ela busca a hegemonia, a ferro e fogo, sobre o mundo inteiro; foi aquela que mais guerras fez, com milhões de vítimas. Houve quem aventasse o futuro próximo da humanidade sob a forma de um *choque de civilizações*: a civilização ocidental (com alguns aliados menores) contra todas as demais, saindo-se sempre vencedora, mesmo gravemente ferida.

Nada melhor do que a história de Narciso para exemplificar a arrogância, unida à vaidade de ser o mais belo, o mais bem dotado e feito para ser o único a ser respeitado por todos os povos. Vejamos a tragédia que a arrogância pode produzir em uma pessoa; no caso, Narciso.

Narciso, aquele que só amava a si mesmo

Em tempos imemoriais da Grécia antiga nasceu um menino de rara beleza. Nunca se vira antes naquelas paragens um menino com tanta irradiação. Seguramente causaria grande admiração entre os homens e um verdadeiro fascínio entre as mulheres, especialmente as ninfas, aquelas energias (deusas) encarregadas de cuidar dos bosques, das campinas, das flores, das montanhas; numa palavra, da natureza.

Sua mãe, desde cedo ficou preocupada com o futuro dele. Foi consultar um adivinho que, embora cego, tinha o dom de prever o futuro. Aquela mulher, ansiosa, perguntou-lhe: "Meu menino Narciso viverá muito tempo?" A resposta do adivinho foi lacônica: "Narciso viverá longos anos, desde que nunca veja a si mesmo".

Ela ficou perturbada sem entender direito o conteúdo misterioso daquela predição. Perguntava a si mesma: Narciso saberia se autocontrolar e cumprir a recomendação do adivinho? Só assim ele teria vida longa.

Desde jovem, a beleza de Narciso era tão fascinante, que deixava apaixonadas todas as donzelas da Grécia. Ele tinha consciência de sua beleza; desfilava diante delas, que o contemplavam cobiçosas. Deixava que suspirassem por ele, mas, vaidoso e arrogante, não dava atenção a nenhuma delas.

Sua altivez e arrogância parecia ter passado de todos os limites. Apesar da bajulação que só fazia aumentar sua vaidade, resolveu viver sozinho, amar apenas a si mesmo e encantar-se com sua própria beleza, embora ele mesmo não pudesse se contemplar. Sua mãe, preocupada com o destino dele, que sempre era admirado e cobiçado por muita gente, sempre lhe lembrava: "Narciso, meu filho, nunca olhes para o teu rosto, nem num espelho, nem numa fonte de água cristalina. Se olhares não terás vida longa, como bem advertiu o velho adivinho!" Narciso estava consciente desse vaticínio e se cuidava sobremaneira a respeito. Entretanto, uma jovem de nome Eco se apaixonou loucamente por ele, seguindo-o escondida por onde quer que ele fosse. Porém, ele a desprezava e não lhe dava atenção alguma.

Certa vez ele foi com amigos à caça e escutou uma voz que dizia: "Narciso, estás aí"? E o som reverberava em forma de eco: "Estás aí"? Narciso apurou o ouvido e escutou novamente a mesma voz: "Por que foges de mim"? E novamente vinha o eco: "Foges de mim"? Depois ouviu ainda: "Juntemo-nos aqui", e o eco reboava: "Juntemo-nos aqui". Essa voz tão suave e tão doce deixou Narciso perturbado. Sentia dentro de si algo que poderia ser coisas de amor. Foi para um descampado. Nisso Eco correu-lhe ao encontro para abraçá-lo e beijá-lo. Ao vê-la, Narciso disse: "Afasta-te! Prefiro morrer do que deixar que me possuas".

Saiu correndo como um louco, deixando Eco sozinha e totalmente desolada. Ela retirou-se chorosa; deixou as companheiras, isolou-se numa imensa solidão, interiormente machucada por não ter conquistado o amor de Narciso. A paixão, ao invés de diminuir, parecia aumentar cada vez mais, só ao lembrar da beleza de Narciso. Ela foi se definhando lentamente por causa do amor não correspondido, até morrer, sendo transformada numa grande rocha. Toda voz que bate naquela rocha reboa em forma de eco, recordando a infeliz e desdenhada Eco. Narciso seguiu, airoso, seu caminho. Sentindo sede, dirigiu-se a um lago de águas cristalinas. Sequer um pássaro fora beber daquela água, nem as folhas turvaram a sua limpidez. Ao inclinar-se para matar a sede, Narciso viu a sua própria imagem refletida com toda a nitidez naquelas águas tranquilas e transparentes. Narciso ficou hipnotizado com sua própria beleza: os lábios bem talhados, os cabelos caindo docente pelos lados, os olhos irradiantes como dois astros, o rubor que lhe coloria a nívea pele, seu pescoço de marfim. Ele ficou como que petrificado; não deixava de olhar aquela figura. Quanto mais a contemplava, mais se sentia atraído por ela e mais apaixonado ficava ao ver o reflexo de seu belíssimo rosto. Não conseguia desviar o olhar daquela imagem refletida na fonte; ficou horas sem conta se contemplando. Recusou-se a comer, até que, enfraquecido, definhou e se perdeu no momento em que se encontrou. Viu-se e não pôde mais sair dali, querendo abraçar e beijar aquela imagem tão bela. No que as mãos penetram na água, a imagem se desfez. Então ele entrou nas águas cristalinas da fonte, não atendendo à advertência do adivinho de jamais ver seu próprio rosto. Realizou-se a profecia do vidente cego: Narciso morreu afogado nas águas translúcidas. Refém de sua beleza e vaidade, cometeu uma *hybris*, que dizer, ultrapassou o limite intransponível imposto pelo adivinho e não soube se autocontrolar. Pior: recusou a criar laços, renunciando a si mesmo por amor a outra pessoa, a Eco que se apaixonara por ele. Quando foram buscar o seu corpo viram que no fundo do lago irrompeu uma flor de extrema beleza como ele, com pétalas branco-amareladas com um núcleo levemente roxo ao centro. Narciso foi transformado nessa flor que cresce à beira dos rios, inclinada para as águas como querendo significar o trágico fim de Narciso, que se perdeu por sua própria beleza e vaidade.

A vaidade e a arrogância lhe custaram a vida. Isolou-se, não estabeleceu laços com ninguém, a não ser consigo mesmo. Só a relação humaniza, só o amor salva. A vaidade e a arrogância levam a um fim trágico.

O contrário de cada virtude

Ao término destas reflexões é conveniente sumariar, de forma breve, a verdadeira natureza das virtudes. Faz parte da sabedoria dos povos, seja do Oriente, do Ocidente, da África ou de qualquer outra parte do mundo, colocar o lugar da virtude sempre no meio: nem demais, nem de menos. Esse meio funda a justa medida que constitui a base de todas as éticas conhecidas da humanidade, desde as mais ancestrais até as mais contemporâneas.

Cabe lembrar sempre que todas as virtudes têm o seu contrário, os respectivos vícios, e tais contraposições pertencem à nossa condição humana. Tudo o que é sadio pode adoecer; mas a doença sempre remete à saúde, pois é ela a desejada e que, finalmente, escreve a última página no livro da vida.

Vamos dar alguns exemplos dessas contraposições a título de ilustração e também de critério para ver até que ponto nosso modo de viver se aproxima ou se distancia da sabedoria ancestral de colocar a virtude sempre no caminho do meio, na dose certa e no equilíbrio entre todas coisas.

- A **agudeza de espírito** fica entre a *rusticidade* e a *zombaria*.

- A **amizade** fica entre a *condescendência* e *a intransigência*.

- A **autoestima** fica entre a *vaidade* e a *fanfarronice*.
- A **coragem** fica entre a *temeridade* e a *covardia*.
- A **diligência** fica entre *compulsão* ou *preguiça*.
- A **frugalidade** fica entre o *consumismo* e a *carência*.
- A **generosidade** fica entre a *prodigalidade* e a *avareza*.
- A **gentileza** fica entre a *grosseria* e a *afetação*.
- A **grandeza de espírito** fica entre a *mediocridade* e a *arrogância*.
- A **honestidade** fica entre a *corrupção* e a *usura*.
- A **humildade** fica entre a *baixa autoestima* e a *arrogância*.
- A **integridade** fica entre a *retidão* e a *intransigência*.
- A **justiça** fica entre a *parcialidade* e o *formalismo*.
- A **modéstia** fica entre *a timidez* e o *descaramento*.
- A **prudência** fica entre a *negligência* e a *irresponsabilidade*.
- A **pureza** fica entre a *indecorosidade* e o *retraimento*.
- A **solidariedade** fica entre o *egocentrismo* e o *esbanjamento*.
- A **sustentabilidade** fica entre a *delapidação* e *preservacionismo*.
- O **amor** fica entre a *obsessão* e a *indiferença*.

- O **amor sexual** fica entre a *luxúria* e a *inapetência*.
- O **beber** moderadamente fica entre a *embriaguez* e a *abstenção*.
- O **comer** com moderação fica entre a *glutonaria* e a *inapetência*.
- O **cuidado** fica entre a *insensibilidade* e a *inquietação*.

E assim poderíamos prosseguir buscando o meio-termo que faz a virtude e seu *excesso* para mais ou para menos, que constitui o vício.

É do filósofo alemão Immanuel Kant a frase: Só há uma virtude que não possui imperfeição alguma: a boa vontade. Se ela tivesse alguma, logo, não seria boa.

Talvez uma das faltas mais graves da humanidade é a ausência da boa vontade. Se ela existisse, prevaleceria a bondade geral e reinaria grande paz entre os seres humanos. Tudo seria incomparavelmente melhor.

O desafio pessoal, comunitário e de toda uma cultura é permanentemente e nas condições sempre cambiantes, identificar a justa medida, a dose certa e o equilíbrio entre as partes dentro do todo.

Parte II

Como viver a justa medida nas várias dimensões da vida

Capítulo 7

Tiraram-nos tudo, mas esqueceram as sementes

Quando chegamos aonde termina o caminho é porque chegou a hora de pararmos e inaugurarmos um outro, e assim se descortinará uma outra direção possível. Então descobriremos a verdade do poeta espanhol Antonio Machado, que, em seu exílio, cantou: "caminhante, não há caminho, faz-se caminho ao andar". Por isso, temos de nos levantar e começar a caminhar. Assim, abre-se surpreendentemente um novo caminho, de sentido e de esperança, e no chão deixaremos a marca de nossos pés.

O mundo não acaba, mas deve acabar este tipo de mundo, inimigo da vida, amante da guerra, contra a natureza e a Mãe Terra e hostil aos semelhantes.

Nosso erro não consistiu em sermos biologicamente deficientes, buscando incessantemente nossa suficiência, nem de sermos marcados pela irracionalidade, porque deixamos de articular com o coração, nem nossos desejos sem fim que perderam seu objeto adequado. Essas condições não podemos mudar, pois nos foram dadas com a nossa própria natureza. Elas estão em nós como desafios a serem enfrentados e superados, mais do que defeitos a serem apenas tristemente tolerados.

Nosso equívoco, nosso real erro, foi termos colocado o desejo ilimitado, a racionalidade sem coração e a nossa carência biológica para serem superados a todo custo, como eixos sobre os quais fizemos girar toda a nossa civilização. Colocamos tais constantes como bases sobre as quais construímos toda nossa rede de relações, desconhecendo que seria construir sobre a areia. Esse foi o nosso maior equívoco e desacerto, mas podemos nos colocar no caminho que nos resgatará em nossa real humanidade.

Acreditar em nós mesmos: beber de nossa própria fonte

Como fomos criados criadores podemos nos recriar. Não negaremos nossas constantes antropológicas sombrias, mas as manteremos sob vigilância. Agora é a vez de colocarmos em seu lugar nosso lado luminoso: a interdependência entre todos, a nossa capacidade de amar e incluir, a nossa solidariedade, a nossa compaixão e o nosso cuidado por tudo o que existe e vive.

O leito de nosso caminho será lapidado por tais valores. Eles têm a capacidade de evitar o abismo e de nos conduzir ao monte das bem-aventuranças.

"Se grande é o perigo, maior ainda é a chance de salvação" nos repetiu um grande poeta-pensador. Um autor bíblico, São Paulo de Tarso, que era um ser profundamente espiritual, dizia palavras semelhantes: "Lá onde abundou a desgraça superabundará a graça".

Não temos outra alternativa senão bebermos de nosso próprio poço, olharmos para a nossa complexa natureza; ali encontraremos os valores a serem trazidos à superfície. Pelo fato de pertencerem à nossa natureza, sempre poderão ser despertados com a certeza de que nunca nos frustrarão nem nos desviarão do reto caminho.

"É uma utopia", comentou um interlocutor a um brilhante escritor latino-americano. "Sim, é uma utopia", respondeu. "Mas uma utopia necessária. Ela é o nosso horizonte à nossa frente. Damos um passo para alcançá-lo e ele se afasta um passo. Damos outro e outro e mil passos e ele sempre se afastará proporcionalmente mais".

Então, o interlocutor perguntou: "De que adianta um horizonte inalcançável"? O escritor, sorrindo, apenas respondeu: "O horizonte existe para nos fazer andar. E ao andar, abriremos a senda que nos leva ao lugar certo. Portanto, armemo-nos de coragem! Comecemos a andar".

No compromisso por um outro mundo possível e necessário, vergamos mas não quebramos. Chegaram ao ponto de nos depenarem de quase tudo. Comparados a uma árvore, deceparam a nossa copa, cortaram as nossas folhas, arrancaram as nossas flores, venderam os nossos frutos, cerraram o nosso tronco e desenterraram nossas raízes. Tudo isso foi feito a ferro e fogo.

Mas estes tinham uma cabeça pequena e um pensamento curto: pensaram que assim nos erradicariam e eliminariam definitivamente. Tolos, esqueceram o principal: ignoraram que éramos sementes.

Somos sementes do novo. A partir da semente, tudo volta a nascer. E cada semente tem dentro de si as raízes, o tronco, as folhas, as flores e os frutos. A árvore reverdeja e nos dá tudo do que precisamos para seguir em nossa caminhada; tudo recomeça com nova esperança e se descortina uma visão de um futuro promissor.

Teremos uma considerável tarefa a realizar: recolher todo o bem que herdamos do passado, mas isso não basta. É preciso resgatá-lo sob uma forma mais adequada ao mundo mudado em que nos tocará viver.

Depois da tenebrosa tempestade, como encontrar, num mundo diferente, a justa medida, o caminho do meio, o equilíbrio dinâmico, o nem demais e o nem de menos, a dose certa, a moderação necessária, a capacidade da autolimitação e a força da renúncia em função de um bem maior.

Quem e como finalmente somos?

Antes de enfrentarmos estes desafios devemos trazer à luz a nossa melhor parte, a nossa dimensão luminosa, pois a sombria já foi abordada. É da luminosa que tiramos as forças para rasgar um novo caminho.

Antes de mais nada, importa reconhecer que somos seres expostos à fragilidade. Podemos ser atacados por diferentes doenças e até sucumbir a elas.

Também somos seres à mercê da imprevisibilidade. De repente, como em 2019, de forma inesperada, fomos atacados pelo Coronavírus, como antes por outros vírus como a Zika, o Dengue, a Chikungunya e outras enfermidades.

Porém, o mais importante é que somos seres de relação e construtores de pontes. Somos como um bulbo, com raízes que se deslocam para todas as direções. Somos um nó de relações que se abrem para todos os lados, buscando conexões. Quanto mais nos relacionamos, mais encontraremos aliados e mais pontes lançaremos, fortalecendo-nos e nos religando. Seremos mais.

Em segundo lugar, somos seres interdependentes. É a consequência de estarmos sempre inseridos em redes de relações. Um ajuda o outro e até reforça o mais frágil a sobreviver, graças à interdependência e à teia de relações; cada um tem o seu lugar no conjunto dos seres e uma mensagem que só ele pode transmitir. No universo vige a mesma lógica: todos os seres estão interligados pelas quatro energias que sustentam a todos, a gravitacional, a eletromagnética, a nuclear forte e a nuclear fraca. Elas sempre agem de maneira interdependente para assegurar o curso universal de todo o movimento cósmico.

Em terceiro lugar, somos seres de solidariedade. Eis outra consequência pelo fato de sermos relacionais e interdependentes. Sabemos hoje que quando nossos antepassados começaram a comer juntos solidariamente, repartindo entre si o alimento, deram o salto da animalidade para a humanidade. Se foi verdade outrora, continua a ser verdade ainda hoje. Sentimo-nos ligados uns aos outros, convivemos e coevoluimos juntos. Se alguém está caído, estendemos-lhe a mão para levantá-lo; se está triste colocamos o braço sobre o seu ombro e lhe dizemos palavras de ânimo. Se está sofrendo não o deixamos a sós, mas compartilhamos sua dor.

Em quarto lugar, somos seres de cuidado. Pelo fato de sermos seres de relação, interdependentes e solidários, preocupamo-nos com aquele que está ao nosso lado. Cuidar é ter um gesto sensível e amoroso, é abrir a mão para se entrelaçar com a outra, e assim somar forças; é participar do destino do outro, feliz ou trágico. Cuidar é uma forma de amar, de acariciar e de se compadecer. Tudo o que amamos também cuidamos, e tudo o que cuidamos igualmente amamos.

O cuidado não se restringe aos seres humanos, mas também implica uma relação amigável com a natureza, estabelecendo laços de afeto e de proteção com a Mãe Terra, para que ela recupere sua saúde e nos brinde com aquilo que precisamos para viver.

Em quinto lugar, somos seres de perdão. Perdoar não é esquecer, mas evitar que sejamos reféns de um interminável amargor e de um poço de mágoas, ficando dependentes do outro. Perdoar é libertar-se das sombras densas que pesam sobre as nossas cabeças. É mais do que virar a página, mas iniciar uma outra em branco, escrevendo nela uma história sem o afeto negativo. Poder perdoar é mostrar a grandeza da qual o nosso espírito é capaz. Ele não deixa que a ponte continue quebrada, mas a refaz ou cria uma outra sobre a qual todos possam passar.

Por fim, somos seres espirituais, e ser espiritual é mais do que ser religioso, embora também possa sê-lo. Espiritual é aquele que se sente parte do universo, de um Todo maior; é intuir com a inteligência e o coração de que as coisas não estão jogadas por aí de qualquer jeito, uma desconectada da outra, mas que vigora uma Energia amorosa e poderosa que as perpassa e sustenta todos os seres, até as estrelas mais distantes; é experimentar o fato de estar vivo sem nenhum merecimento; é sentir entusiasmo dentro de si, que lhe confere força para enfrentar os afazeres de cada dia, os desafios e os risco inerentes à vida humana, de sempre retomar o caminho da vida. Ser espiritual é viver o amor desinteressado, a solidariedade para com o outro, o cuidado com as coisas e abrir-se a um diálogo amoroso com Aquele ser que faz ser todos os seres deste mundo: a Suprema Realidade. Ser espiritual é se conscientizar de que o infinito que habita em nós é eco de um Infinito Maior que nos chama a si. O lugar da espiritualidade não está no pensamento; vale dizer, na cabeça. Seu lugar natural é o coração, que sente, que intui a presença de um Maior; é captar que os fatos carregam mensagens e significações que podemos decifrar e enriquecer nossa vida. Já foi dito por muitos: "crer não consiste em pensar Deus, mas senti-lo na totalidade de nosso ser e a partir do coração".

Ser humano é realizar tudo isso e ainda muito mais, pois somos um projeto infinito, um mistério que nunca conheceremos totalmente, mas que só encontra descanso quando puder repousar no Ser infinito, bondoso e amoroso que nos chama.

Com esta bagagem que nos caracteriza enquanto humanos poderemos avançar no nosso objetivo: encontrar em tudo o que empreendermos a justa medida e o equilíbrio que sustenta nossos passos na caminhada.

Isso não se faz de um dia para o outro, mas resulta de um processo oneroso que exige tempo, idas e vindas até se firmar como uma forma nova de habitar na mesma Casa Comum. O caminho pode conhecer altos e baixos e encontrar obstáculos, mas a direção é certa e nos levará ao destino feliz. Conhecendo quem somos e como somos poderemos seguir adiante, confiantes, na caminhada da vida.

Todos somos hóspedes nesta Terra

Tanto o pescador ambicioso do pintor alemão Otto Runge quanto o conto de Leon Tolstói sobre o homem que ganharia todas terras que pudesse percorrer ao longo de um dia de sol tinham um pressuposto comum: que a Terra era algo disponível, que poderiam possui-la sem mais. Ambos esqueceram que eram feitos de terra, eram da Terra, e não seus patrões e donos. O imperativo ético é cuidar dela e torná-la sempre habitável e viva.

Hoje em dia se fala da *pegada ecológica da Terra*. Isto significa: quanto de solo, de nutrientes, de água, de florestas, de pastagens, de mar, de pesca e de energia o planeta precisa para repor aquilo que nós, a todo momento, lhe retiramos para o nosso consumo? Os estudos revelaram que nós perdemos totalmente a justa medida. A Terra precisa de um ano e meio para repor o que dela nos usamos para o nosso consumo. Necessitamos mais de um planeta e meio para mantermos o nível de vida ao qual nos acostumamos. Portanto, estamos longe do ponto de equilíbrio, da justa medida e da necessária autolimitação para que todos os seres humanos e os demais seres vivos possam continuar a existir sobre a Terra.

Não é possível nem humano que alguns se apoderem de grandes extensões de terra para o cultivo de grãos ou para a criação de gado na ânsia de obterem vultosos lucros. Grande parte da humanidade está sem um pedaço de terra para morar, para produzir e, assim, sobreviver. Daí a importância de reafirmar que a Terra é um bem comum universal; ela pertence a todos os humanos. Nós somos hóspedes que, por um tempo, vivemos nela, e depois nossos filhos e netos a herdarão; oxalá, preservada e com capacidade de gerar vida para todos.

Muitos poderosos imaginam ser os donos da Terra, pois com sua riqueza pretendem comprar tudo. São ignorantes e alienados. Eles podem comprar a luminosidade do sol que os ilumina? Podem comprar o ar que respiram? Podem comprar a beleza da floresta florida? Podem escapar da morte à qual todos estão, cedo ou tarde, submetidos?

Os humanos irromperam tardiamente no cenário da evolução, quando a Terra estava 99,98% pronta. Eles não assistiram a sua formação nem ela precisou deles para organizar sua complexidade e biodiversidade. Como pode lhes pertencer? Só a ignorância unida à arrogância os faz pretender a posse da Terra.

Pensando numa visão mais global, poderíamos dizer que a Terra pertence ao Sistema Solar que, por sua vez, pertence à nossa Galáxia, à Via Láctea que, por fim, pertence ao Universo. Ela é um momento de um processo evolucionário de 13,7 bilhões de anos.

Mas esta resposta não nos satisfaz, pois, ela remete a uma pergunta ulterior: E o Universo, a quem pertence? Podemos afirmar que ele pertence àquela Energia de fundo, à Fonte Originária de Tudo. É o que concluíram os astrofísicos e os cosmólogos. A resposta está correta, mas não é uma resposta derradeira. E a quem pertence essa Fonte Originária de Tudo? Qual a sua origem? A razão nos poderá oferecer uma resposta?

A razão pode muito, mas não tudo. O irromper da razão reflexa em nós pertence a um momento avançado do processo de evolução; é um mistério que acolhemos agradecidos. Pela razão, diríamos, é a própria Terra que, por meio de nós, contempla o universo e entra em contato com suas irmãs estrelas e com seus outros corpos celestes.

O mais razoável é ficar com um grande filósofo austríaco que afirmou: "Há questões que não podem ser respondidas porque elas não são questões que pedem alguma resposta. Elas simplesmente estão aí em sua humilde existência. Dizia o místico Angelus Silesius, convertido do luteranismo ao catolicismo (1624-1677): "Uma flor é sem por quê. Floresce por florescer. Ela não olha para si mesma nem se importa se a admiram ou não. Ela simplesmente floresce por florescer".

As ciências estudam *como* as coisas são; o espírito religioso se admira e se encanta pelo *fato* de as coisas existirem. Necessariamente, elas não precisariam existir. No entanto, existem; estão aí e nos enchem de encantamento pelo simples fato de existirem.

A flor não coloca nenhuma pergunta nem espera nenhuma resposta; ela apenas provoca fascinação e a percepção do Mistério da existência e da beleza, totalmente gratuitas.

Diante desse sentimento vale o nobre silêncio. A atitude mais digna e adequada diante do Mistério de todas as coisas é nos fazer respeitosos e encantados. O encantamento não é uma resposta a uma pergunta, mas uma atitude que nos toma totalmente e nos enche de veneração e de alegria impagável.

"Sobre aquilo que não podemos falar devemos calar", comenta com razão Wittgenstein. Calamos não porque não teríamos nada a dizer, mas porque tudo o que dissermos é insuficiente. Há realidades que só pedem o enlevo, a admiração e a contemplação. É o que acontece quando nos debruçamos sobre o berço de uma criança recém-nascida; simplesmente contemplamos e nos enchemos de encanto. Estas realidades são as mais preciosas, enchendo nosso espírito de grandeza e de humildade.

Mudando de registro e caindo em nossa realidade cotidiana e brutal dos negócios, perguntamos: A quem pertence a Terra? Ela, *de fato*, e não *de direito*, pertence pretensamente aos que a usurparam e, por isso, detêm injustamente poder; pertence aos que controlam os mercados e as finanças; aos que vendem e compram seu solo, as terras ricas, seus bens e serviços, água, minério, genes, sementes, órgãos humanos, pessoas feitas também mercadorias. Estes pretendem ser os donos da Terra e dispor dela a seu bel-prazer.

Mas são falsários e ridículos, pois esquecem que não são donos deles mesmos, nem de sua origem nem de sua vida, nem de seu tempo e muito menos de sua morte, que virá a seu momento.

Creio que a resposta mais sensata é aquela contida nas escrituras judaico-cristãs. Nelas Deus diz: "Minha é a Terra e tudo o que ela contém, e vocês são *meus hóspedes* e inquilinos" (Lv 25,23). Só Deus é senhor da Terra e não passou escritura de posse a ninguém. Nós somos hóspedes temporários e simples cuidadores com a missão de torná-la o que foi um dia: o Jardim do Éden. Nós a tomamos emprestado também de nossos filhos, netos e bisnetos, que também terão direito a ela.

Pelo fato de ter vindo de Deus, a Terra foi entregue a todas as pessoas, que são seus hóspedes; passageiros aos quais cabe o direito e privilégio de andar por ela; não tendo sido traçado limites e fronteiras, ninguém precisaria de passaporte para percorrê-la. Todos somos hóspedes livres que circulam em sua própria casa, oferecida gratuitamente por Deus, para nela morar, guardá-la, cuidá-la e fazê-la produzir tudo o que precisamos para viver decentemente, e, finalmente, para que sempre seja hospitaleira.

Capítulo 8

Valores e princípios, marcos para o nosso caminho

A vida humana realmente será humana pelos valores que professa e vive. O valor é tudo aquilo que conta e tem importância para minha vida, vivida com outros no mesmo mundo. O bem só será bom para mim se também for bom para os outros.

Vimos ao longo de nossas reflexões a importância decisiva do valor da justa medida, do valor do caminho do meio, que evita todo excesso; seja para mais, seja para menos. Essa diligência pressupõe o valor da autocontenção, o valor da humildade contra toda a arrogância, que distancia e rebaixa as pessoas. Os valores constituem o mundo das excelências, aquelas atitudes e relações que tornam a minha vida e a dos outros algo precioso e apetecível e, por isso, digno de ser vivido.

A sede dos valores reside na inteligência emocional e na razão cordial. O valor surge quando colocamos o coração que sente, que se acerca e que acolhe o outro com cordialidade e respeito de sua singularidade. O valor pode se referir a coisas que parecem insignificantes e "sem valor" mas às quais estamos ligados afetivamente.

Assim, dou um valor inestimável ao toco de cigarro de palha de meu pai, que foi vítima de um enfarte fulminante, exatamente quando eu embarcava no navio que me levava para os estudos na Europa. Recebi este toco de cigarro um mês depois, quando cheguei ao meu lugar em Munique, enviado pelos meus irmãos e irmãs dentro de um envelope. Eu guardo este toco de cigarro com todo carinho. Seu cheiro de fumo, sua cor amarelada me reportam à figura austera de meu querido pai. Esse toco de cigarro possui um valor inestimável e se tornou um verdadeiro sacramento que me traz presente a vida trabalhosa e profundamente ética de meu pai, mestre de escola e conselheiro de uma comunidade interiorana do oeste do Estado de Santa Catarina.

Viver os valores que dão sentido à vida demanda amor, empatia, cordialidade e principalmente cuidado para com a própria vida, para com a psiquê, para com o espírito e com todas as pessoas e coisas às quais estamos afetivamente ligados. Ser coerente com os valores assumidos, não raro, exige capacidade de renúncia; não como um fardo, mas como expressão de coerência e fidelidade a si mesmo e à própria consciência.

Assim, toda busca da justa medida e da autolimitação de nosso desejo ilimitado cobram sacrifícios que devem ser suportados com jovialidade e sem murmuração. É o preço a ser pago para que a ganância e a cobiça do pescador ou do homem do conto de Tolstói não ocupem toda a consciência e que, no seu termo final, conduz a uma tragédia. Nessa perspectiva é que abordamos valores e princípios implicados na busca da justa medida e em nosso caminhar pelo tempo que nos é dado viver neste belo e esplendoroso planeta, nossa generosa e grande Mãe, a Terra.

Aprender a renunciar para cumprir nossa missão

Para nos mantermos dentro desse equilíbrio, dentro do nem demais e do nem de menos, importa aprender a renunciar. Por exemplo, renunciar, numa perspectiva ecológica atualíssima, a derrubar árvores; ao uso excessivo de água, que é um bem escasso, natural, comum, vital e insubstituível. Por sua importância, o poder público deve tornar a água acessível a todos, limpa e suficiente, como um direito humano fundamental.

A renúncia é importante na vida. Não podemos agarrar tudo e fazer tudo. Precisamos fazer escolhas, e toda escolha implica, necessariamente, assumir uma coisa e renunciar a outra. Porém, é decisivo fazer escolhas certas.

Muitas vezes é a renúncia generosa de nossa parte que salva a outra parte em necessidade, como aconteceu na explosão da Covid-19: muitas organizações populares ofereceram cestas básicas, espaço para o isolamento social; nações ofereceram gratuitamente vacinas a nações mais carentes e desprovidas. Essa renúncia é uma expressão de generosidade e de humanidade mínima.

Novamente, uma pequena história nos esclarece a nobreza da renúncia: Um fósforo e uma vela que souberam renunciar ao que eram para se colocarem a serviço do ser humano.

Em todas as casas existem velas. Elas são úteis nas ocasiões em que há interrupção de energia elétrica. Em sua maioria são simples, brancas ou coloridas. Há também velas mais trabalhadas, verdadeiras obras de arte, que servem como adorno. São coisas que parecem mortas, mas têm a sua vida e possuem a sua linguagem. Pessoas atentas, confraternizadas com tudo, captam essa linguagem, muitas vezes abafada por ruídos. A história seguinte foi contada por uma dessas pessoas e serve de lição para todos nós.

Certa feita houve um apagão com a duração de vários dias. Numa casa foram utilizadas todas as velas convencionais que nela existiam. Como o apagão continuasse, seus habitantes precisaram recorrer a uma vela artística. Ao apanhá-la perceberam que ao lado dela havia um palito de fósforo. Todas as coisas falam à sua maneira, mas são poucos aqueles que as escutam. Eis o diálogo entre a vela e o palito de fósforo. Este disse à vela: "Estou aqui, pronto para ser aceso". "Como assim"? disse a vela. "Eu estou aqui, toda enfeitada, embelezando a sala de visitas". "Tudo bem", atalhou o fósforo."Mas chegou a hora em que você será muito importante. O apagão está durando muito tempo e a casa não pode ficar no escuro. Você deverá renunciar à sua posição privilegiada e oferecer luminosidade a toda a família". "Veja, eu estou aqui para a acender. Alguém vai me riscar. Aceso, ilumino pouco, mas sirvo para a acender velas. Vou deixar de ser o que era para que você possa cumprir a sua alta missão: de iluminar a casa, o caminho para a sala, para a cozinha e para os quartos. Esqueça os enfeites que colocaram em seu corpo. Eles não mudam sua natureza de vela. Não são eles que iluminam, mas você como vela. Você, vela, existe para iluminar e produzir luz. Lembre-se de que, tanto eu quanto você, existimos para produzir luz. Um pouco de minha luz como fósforo espanta toda a escuridão de uma sala. Aceso, duro pouco, mas as pessoas com minha luz podem se orientar e chegar até você". A vela contra-argumentou: "Se for acesa e tiver que produzir luz, ficarei derretendo até acabar, até deixar de ser vela artística". O fósforo continuou com seu argumento: "Você tem razão. Mas veja o meu caso. Minha missão é ser aceso e permitir acender velas, até as mais trabalhadas como você. Não queira apegar-se ao enfeite, que não é essencial. Não é ele que ilumina, mas você enquanto vela. Repito: sua missão é iluminar. Você vai se consumindo devagar, mas iluminando a casa e as pessoas. Enquanto você se consome e produz luz e um pouco de calor, as pessoas se sentirão seguras, não tropeçarão e não cairão. Se você permanecer vela de enfeite continuará fria, embelezada, mas, no fundo, inútil. Você deixará de cumprir a sua missão de iluminar. Renunciando a si mesma servirá os outros. Portanto, realize sua missão, que será continuada por suas irmãs, outras velas, de forma que sempre haverá luz. E você será lembrada, pois, numa ocasião excepcional, soube renunciar à sua importância como vela artística e ajudou as pessoas, com a sua luz, a se orientarem dentro de casa". A vela caiu em si, esqueceu os enfeites, belos mas dispensáveis. Pensou... pensou... até concluir: "É verdade, eu fui feita para ser acesa, produzir luz e brilhar para os outros". Cheia de emoção, e apontando para o seu pavio, disse ao palito de fósforo: "Por favor", fósforo, "acenda-me". O fósforo, solenemente, fez o que devia: acendeu a vela, e a casa ficou cheia de luz. Todos se alegraram, por terem a luz de que precisavam. A vela de enfeite realizou a sua missão de iluminar.

Esta história nos faz lembrar daquele que, há muitos séculos, foi assim testemunhado: "Ele era a Luz verdadeira que veio para iluminar toda pessoa que vem a este mundo".

O que significa mudança no coração?

Praticamente toda a nossa cultura, em particular a capitalista, está assentada sobre a razão, que se transformou em tecnociência e que chegou a modificar a face da Terra. Trouxe inegáveis vantagens à medicina, ao transporte, aos meios de comunicação e em quase todas as áreas; tornou a nossa vida menos penosa; prolongou as duas pontas da vida: crianças morrem menos e idosos vivem mais.

Mas ela se encheu de tanta confiança em seu poder, que chegou a construir, com suas pesquisas sobre os átomos, o que chamamos de *princípio de autodestruição*. Na vontade de tudo dominar, interessou-se pelos segredos da matéria e da vida; apropriou-se também dos meios capazes de produzir a morte coletiva. Com isso, a razão se tornou irracional e extremamente perigosa, instaurando uma verdadeira ditadura; ou seja, a ditadura da razão instrumental-analítica.

Mas o ser humano não é só razão; ela surgiu e se firmou somente nos últimos 200 mil anos. Abaixo dela existe todo o mundo das paixões, dos sentimentos, das intuições, da sensibilidade. Nós humanos temos muito a ver com a inteligência cordial, com a mente sensível; numa expressão: com a dimensão do coração.

Essa dimensão é muito anterior ao surgimento da razão. Ela irrompeu, no processo da evolução, quando surgiram os mamíferos, cerca de mais de 200 milhões de anos. Quando a fêmea do mamífero dá à luz sua cria, ela a enche de carinho, de proteção e de cuidado. Defende-a com unhas e dentes, quando ameaçada.

O ser humano é mais do que um animal racional; ele é um mamífero racional. Com isso, queremos expressar que é um ser que tem coração, sensibilidade, empatia, amor. No coração dele habita o mundo das excelências, como os valores que dão rumo à vida, à ética e à espiritualidade. Com o coração sentimos as dores dos outros, mostramos nossa solidariedade e nos dispomos a ajudar.

Qual foi o drama de nossa cultura nos últimos três séculos? Foi esquecer o coração, a sensibilidade e a compaixão. Argumentava-se que o sentimento atrapalhava a objetividade do olhar científico. Por isso, não só era posto de lado, mas até reprimido. Essa ocasionou um preço muito alto: fez-se uma ciência sem coração, capaz de criar mecanismos de morte e até de autodestruição. Perdendo o coração a razão enlouquece.

Entretanto, o que é verdadeiro sempre tem força e chega o momento em que ele se reafirma. Assim aconteceu com a ciência, que se deu conta de que a assim chamada objetividade, livre de qualquer sentimento, é uma quimera. O sujeito, o cientista, quando trabalha e pesquisa, está todo inteiro nisso: com os seus sentimentos, com os seus interesses que estão subjacentes, com o seu coração. Não existe conhecimento sem sentimento, pois isso nos transformaria em máquina, não sendo possível ao ser humano. Pelo fato de termos desconhecido a importância da razão sensível e cordial, criamos uma ciência insensível face à vida e perigosa, a ponto de poder destruí-la. Hoje, cada vez mais, a verdadeira ciência está sendo feita com consciência, sabendo-se das consequências, que podem ser benéficas ou maléficas. Por isso, sua tendência é colocar o coração em tudo o que se faz.

Precisamos urgentemente unir novamente cabeça e coração. Desta forma completamos a ciência, para que ela seja amiga da vida, benfazeja, tornando o ser humano mais responsável. Isso enriquece o coração humano, propiciando o seu equilíbrio entre o seu sentimentalismo piedoso e os devaneios de seus sonhos. Unindo as duas formas de inteligência, a racional e a cordial, a analítica e a sensível, nos tornamos mais razoáveis e humanamente mais completos.

Capítulo 9

Resgatar os direitos do coração

O coração possui a sua própria lógica. Talvez não tenha a clareza da razão, mas goza de mais profundidade. Já os antigos diziam: só conhecemos verdadeiramente as coisas quando as amamos. Se a razão vê fatos, o coração enxerga sentidos e mensagens escondidos que se entregam no ato de amor.

Quantas vezes se repetiu a frase de *O pequeno príncipe*, de Antoine de Saint-Exupéry: "Só se vê bem com o coração". Do coração se deriva a palavra cordialidade, aquela atitude de acolher o outro de coração aberto e sem preconceito. A cordialidade pressupõe a capacidade de sentir o outro, dar-lhe atenção e reconhecer seus valores. Ser cordial é colocar coração na relação e tratar as pessoas sempre humanamente, como coiguais.

Nossa cultura ocidental, herdeira dos gregos, foi construída ao redor da razão, com todas as vantagens e desvantagens que conhecemos; razão transformada em vontade de poder e de dominação, mas também em capacidade de melhorar nossa vida e torná-la menos onerosa. A cultura *nahuatl* ou asteca, do México, por exemplo, foi estruturada ao redor da categoria coração.

Para essa cultura, o ser humano se define pelo tipo de rosto e de coração que apresenta. No rosto se encontra toda a expressão do ser humano, de acolhida, de amorosidade e a sua base da ética: as formas de comportamento diante do outro. O coração, por sua vez, define o caráter da pessoa, a sensibilidade perante o outro, a relação de cordialidade, acolhida e até do amor.

A educação refinada dos astecas visava formar nos jovens "um rosto claro, bondoso e sem sombras", unido a um "coração firme e caloroso, determinado e hospitaleiro, solidário e respeitoso das coisas sagradas.

Possuíam um elevado sentido espiritual da religião, que usava "a flor e o canto" como forma de veneração da divindade, representada como um pai e uma mãe, de cujos corações se originaram todas as coisas. O encontro com os espanhóis de Hernán Cortés se deu sem nenhum sentido de coração.

Já em 1524, no famoso diálogo dos doze missionários franciscanos com os sábios astecas, estes se deram conta dessa ausência de coração. Resistiram em aceitar a nova religião, "que só de pecado fala; eles nos infundiram o medo, vieram para amassar as flores para que somente sua flor florescesse, arrancaram nossa flor e castraram o sol". Apesar disso, não perderam o coração. Com cordialidade dizem: "somos gente simples, somos perecíveis, somos mortais".

Suplicaram para que não perturbassem o povo em sua fé, para que "não se destrua a antiga regra de vida, pois sabemos a quem se deve a vida, a quem se deve o nascer, a quem se deve o gerar e a quem se deve o crescer, como se deve invocar e como se deve rogar".

O encontro terminou num imenso desencontro e a posterior liquidação dos sacerdotes e dos sábios. É um trágico capítulo do genocídio indígena nas terras de Abya Ayala. Mas um profeta dentre eles proferiu a palavra essencial: "Virá um dia em que as lágrimas de seus olhos chegarão até Deus e baixará a justiça de Deus, de um golpe, sobre o mundo". Continuamos esperando esta justiça de Deus, porque a perseguição e a matança de indígenas ainda prossegue em nossos dias.

Capítulo 10

Viver a justa medida

Estamos vivendo há praticamente três séculos em uma cultura, hoje mundializada, marcada por todo tipo de excessos e de um modo não sustentável de vida. Perdeu-se praticamente o sentido da justa medida, do caminho do meio e da moderação.

Vivemos e sofremos num tipo de mundo no qual tudo é excessivo: a acumulação absurda da riqueza e o crescimento exponencial da pobreza; o uso da violência para resolver os problemas; a destruição das pontes de diálogo. Levou-se o excesso para dentro das religiões e até de porções do cristianismo, na medida em que alguns setores se apresentam como os portadores exclusivos da verdade divina, conferindo-se o direito de perseguir e mesmo de declarar guerra aos representantes de outras religiões ou Igrejas. O pretexto para isso é a afirmação de que o erro não tem direito algum, e que por isso deve ser combatido e extirpado.

A cultura dominante dá excessiva importância ao indivíduo empoderado a ponto de perder o sentido da solidariedade e da compaixão para com quem mais sofre. Magnifica a arrogância dos fortes sobre os humildes da terra e tira vantagens pessoais ou corporativas à custa do rebaixamento dos outros. Há demasiada destruição dos laços familiares por incapacidade de convivência com as diferenças, por falta de desprendimento pessoal e de renúncia em função do bem comum e da paz familiar.

O sexo, que deve ser tratado com pudor, é banalizado, quando não feito objeto de comércio. Usam-se os corpos ou partes dele para o *marketing*, desrespeitando a dignidade das pessoas, especialmente das mulheres, ainda vítimas do machismo que se refigurou nas mídias sociais e nas propagandas.

Pregar a busca da justa medida em um mundo que sistematicamente a nega é ser revolucionário e antissistema. Mas não podemos deixar de buscá-la, porque ela representa o que deve ser e será ela que nos poderá salvar, e o que deve ser tem força. Já foi dito por um grande pensador que nada resiste a uma ideia ou a um sonho quando chega o momento de sua maturação. É como na primavera: as flores florescem sem nos perguntar se queremos ou não. Uma força intrínseca as leva a se abrirem e sorrirem à Terra e ao universo.

Capítulo 11

Dois pressupostos da justa medida

Para assumirmos o propósito da justa medida, antes precisamos nos imbuir de dois princípios prévios: a esperança e a renúncia a todo tipo de arrogância.

A esperança como nosso motor interior

A esperança representa um sonho para frente, buscando sua realização. Mas há esperança e esperança. Uma delas espera que o tempo, por ele mesmo, trará as mudanças, decididas por outros a respeito do nosso destino. Jamais deveremos entregar nosso destino nas mãos de ninguém, pois assim perderemos totalmente nossa identidade e dignidade. Essa esperança é inerte, sendo melhor não tê-la.

Mas há um outro tipo de esperança, chamado de *princípio esperança*; este é mais do que uma virtude e um mero esperar. Trata-se de um motor interno, produtor de inesgotável energia, que continuamente nos leva a nos indignarmos contra o mundo que está aí, impulsionando-nos a lutar para mudá-lo. O fundamento dessa esperança é a nossa capacidade de sonhar e de projetar utopias de outros mundos possíveis e necessários.

A utopia não se contrapõe à realidade; antes, pertence essencialmente a ela. A realidade não é feita apenas por aquilo que está à mão, como um dado que sempre é feito. Ela é mais do que isso: está grávida de potencialidades, de projetos e de sonhos que buscam a sua realização. Ter esperança é crer e dar um voto de confiança a essas potencialidades, que podem se tornar realidade quando unirmos forças e pormos mãos à obra. Esperar assim é amar o invisível e se empenhar para que se torne visível e realizável.

Paulo Freire, nosso maior educador, cunhou a expressão *esperançar*. Ela significa toda a ação que torna possível e realizável a esperança; portanto, algo a ser feito por nós, e não simplesmente a ser esperado de outros. Assim, poderemos repetir o que escreveu um autor argelino-francês: "em meio ao inverno aprendi que bem dentro de mim mora um verão invencível". Esse verão invencível designa a esperança e a busca, contra todos os entraves, da justa medida. Para isso devemos ser seminais, viver a sorte da semente que, mesmo sob a terra, é viva e guarda a esperança de uma rica colheita.

Realisticamente, não podemos mudar este tipo de mundo. Mas podemos sim, mudar este pedaço de mundo que sou eu, sendo semente do novo dentro do velho mundo. A esperança ativa que ponho em prática não fica restrita ao meu pequeno mundo. É de sua natureza, irradiar, contaminar outras pessoas, reforçar a onda do esperançar, até que se transforme num *tsunami* inovador.

Vejamos alguns marcos da caminhada rumo à justa medida no nível pessoal e que está ao nosso alcance. Mas, antes de tudo, impõe-se uma atitude de humildade, de quem está no chão da vida, junto com outros seres. Ela inibe e reprova, logo de saída, todo tipo de arrogância. Esta é o empecilho maior que bloqueia a justa medida e dificulta alcançarmos o equilíbrio necessário.

Renunciar a toda arrogância

Superar aquilo que já duramente criticamos (a arrogância: excesso de autoestima e de autoafirmação) implica reconhecer que não nos autocriamos, mas que recebemos a vida gratuitamente. Somos hóspedes nesta Terra, que é de todos, também de nossos filhos e netos. Importa renunciar definitivamente à pretensão de sermos o centro de tudo, o famoso e ultrapassado antropocentrismo.

Podemos dizer que imergimos na evolução nos últimos segundos da história da Terra, que já existe há 4,5 bilhões de anos. Não estivemos presentes quando ela gerou todos os demais seres e sua majestática beleza. Somos um elo tardio da corrente da vida. Humildemente e sem presunção devemos nos colocar junto e no meio dos seres da natureza, da qual somos parte.

O fato de sermos portadores de inteligência não nos confere o direito de dominar os demais, mas antes, de incentivá-los, especialmente os mais débeis.

De mais a mais, não somos os portadores exclusivos de inteligência; ela primeiramente está no universo, no qual cada ser participa dela a seu modo, e somente depois está em nós de forma reflexiva. O princípio da inteligência é comum a todos os seres, cada qual na sua medida. Somente a modalidade de sua realização é particular em cada ser: a montanha a seu jeito, as florestas de outro jeito, os animais de forma mais próxima a nós, mas diferenciada. Portanto, não detemos o monopólio da inteligência, fato que invalida a base de toda a arrogância. Não somos reis nem rainhas da criação, mas membros da grande comunidade de vida terrena e cósmica.

Capítulo 12

Criar a justa medida em todos os níveis da vida

Detenhamo-nos em algumas dimensões cotidianas nas quais devemos viver a ética da justa medida e da renúncia de excessos.

Comer e beber com moderação

Comer e beber são dimensões fundamentais da vida. A justa medida no alimentar-se e no beber revela-se na qualidade e na quantidade do que tomamos. Justa medida é aquela que satisfaz nossa fome com produtos que favorecem a nossa saúde. Mas há o glutão, que passa dos limites e acaba se sentindo mal. Isso ocorre especialmente nos restaurantes que oferecem o *self-service*, no qual geralmente se oferta grande abundância de pratos que despertam nosso natural desejo e constituem um verdadeiro desafio para a moderação e justa medida. Não raro, sobre as mesas são vistos pratos com alimento não consumido, expressando imoderação e gula do consumidor.

Na festas, no entanto, cabe um moderado excesso, pois pertence a essência delas certa abundância, já que são celebrações de encontro, amizade e alegria, expressadas em vários tipos de comida e bebida para honrar o acontecimento. Esse excesso moderado não anula o espírito da justa medida. O comer nesses eventos não representa um mero nutrir, mas comunhão entre as pessoas e reconhecimento do carinho com o qual as iguarias foram preparadas, revelando indiretamente a generosidade da natureza.

A justa medida na comunicação

Como seres sociais, estamos sempre às voltas com a comunicação, por palavras e gestos. Nesse campo ocorrem grandes excessos, pois em muitos meios se impôs uma cultura do palavrão, de expressões indecentes e de rotulagem de pessoas e jeitos humanos de forma pejorativa. A palavra é mais do que um meio de comunicação; ela revela a pessoa, seu sentimento, seu modo de ser e de estar no mundo. É a fala, como nos ensinam eminentes pensadores, que nos faz especificamente humanos. O ser humano, à diferença de outros símios, é essencialmente um ser falante; vale dizer, que se comunica, trocando e conferindo peso e colorido às suas palavras. Pela fala as ideias são ordenadas.

A justa medida em nosso falar é alcançada quando sabemos dosar o falar e o silenciar, o dizer e o escutar. Nada mais incômodo do que a fala autorreferencial, quando a pessoa se apropria da palavra, colocando suas experiências e ideias como dignas de serem escutadas e admiradas. Ela não deixa espaço para o outro interagir, trocar, comentar; enfim, dialogar. Nesse sentido, a Bíblia nos diz:

> Uma pequena chama basta para incendiar um bosque. Também a língua é um fogo. Podemos dominar toda espécie de animais, mas nenhum homem é capaz de dominar a língua. Da mesma boca procedem a bênção e a maldição. Mas não deve ser assim (Tg 3,5-8.10).

Por vezes há gestos que dizem mais do que as palavras; sejam despectivos, sejam receptivos. Eles se revelam na justa medida quando não destroem a comunicação nem usam de arrogância, que diminui o outro. Podem expressar indignação quando se elevam contra atos injustos ou medidas sociais que ferem o bem comum ou promovem violência ao indefeso e ao fraco.

Convivialidade, excelente realização do equilíbrio e da justa medida

A convivialidade é um vasto campo de realização da justa medida. O processo industrialista fez com que o domínio do ser humano sobre os instrumentos se tornasse o domínio dos instrumentos sobre o ser humano. Criado para substituir o escravo, o instrumento tecnológico acabou por escravizar o ser humano ao querer mais e mais, sem limites; fez surgir uma sociedade cheia de aparatos, mas sem alma.

A produção industrial vigente não combina com a fantasia e a criatividade dos trabalhadores; ela não os ama. Deles só quer utilizar a força de trabalho, muscular ou intelectual.

Há pessoas que perderam completamente o senso de medida no uso da internet; sejam coisas boas ou perversas. A utilização de determinados aplicativos possibilita a interlocução com milhares de pessoas. Porém, não abraça, não toca a pele nem sente o perfume delas. Dito de outro modo, perdeu-se o mundo real em nome do mundo virtual, levando-se a uma terrível solidão.

O que se entende por convivialidade? É a capacidade de fazer conviver as dimensões de produção e de cuidado; de efetividade e de compaixão; de modelagem dos produtos e de criatividade; de liberdade e de fantasia; de equilíbrio multidimensional e de complexidade social. Esta feliz articulação pode reforçar o sentido de pertença à mesma família humana e à única Casa Comum, na diferença das pessoas e de sua base cultural.

O valor técnico da produção material deve caminhar junto com o valor ético da produção social e espiritual. Após termos construído a economia dos bens materiais importa desenvolver, urgentemente, a economia dos bens humano-espirituais. O grande capital, infinito e inesgotável, não é porventura o ser humano, o capital espiritual feito de amorosidade, solidariedade, compaixão, cuidado de uns para com os outros e de todos para com a natureza?

O primeiro parágrafo da carta da convivialidade entre todos, também entre os povos, deverá ser o sagrado princípio da autolimitação e da justa medida, evitando todo tipo de excesso e de arrogância, conferindo centralidade à humildade e à amorosidade.

A história do boneco de sal que encontrou sua justa medida dando-se todo

Como seres de desejo somos atraídos por uma cultura que sabe sutilmente alimentá-los, objetivando o consumo incessante da ilusão de que *tendo mais somos mais*. Se quisermos ser livres devemos, ao longo da vida, moderar nossos desejos e constantemente nos perguntar: Quais deles nos realizam legitimamente? Quais deles são suscitados apenas pelo *marketing*, visando o lucro? Quais deles são alcançados, prejudicando o desejo de outros? Quais deles exacerbam nossa avidez e, desta forma, podem aumentar as desigualdades, as injustiças?

Para isso necessitamos da autolimitação, que significa renunciar a determinados desejos. É o preço a pagar para conquistar um dos bens mais preciosos, que é a liberdade interior, e ganhar o respeito do outro. A tradição do zen-budismo vê na capacidade de desprendimento o caminho da plena liberdade e realização.

Um sábio muçulmano do século XIII disse acertadamente: "a vida é um equilíbrio entre o apegar-se e o deixar ir". À medida que nos desapegamos, tiramos os entraves que nos separam dos outros e ficamos mais livres. São Francisco de Assis entendia a pobreza não como um simples não possuir, mas como a capacidade de dar, de esvaziar-se para tirar o que se interpõe entre o eu e o outro, impedindo que nos sintamos irmãos e irmãs; ser pobre para ser irmão e irmã. São Francisco não podia ver alguém mais pobre do que ele. Quando se encontrava nessa situação se despojava e dava-lhe o que tinha, assumindo a pobreza do outro.

Deixar ir significa não querer segurar o outro, pois cada um deve seguir seu próprio caminho. Não retê-lo egoisticamente, preso aos meus interesses ou aos meus cuidados, mesmo generosos, o que negaria o despojamento e impediria o outro de realizar a sua identidade.

É renunciando a nós mesmos que criamos as condições de nos unirmos Àquele maior que nos criou, sentindo-nos mergulhados nele. Este é o testemunho autêntico de todos os místicos das várias tradições espirituais; sejam orientais, sejam ocidentais.

Despojando-se de si mesmo, São João da Cruz, o místico ardente do século XVI, pôde dizer que "a amada [a alma] se sente no Amado transformada". Em certa ocasião afirmou arrojadamente que ela "se sente Deus por participação".

Esta é a justa medida do nosso desejo infinito que, enfim, encontra o Infinito realíssimo, sempre buscado, consciente ou inconscientemente. Na medida em que se despoja e deixa lugar ao Grande Outro, a pessoa ganha em humanidade e percebe que seu eu é introduzido em Algo maior e inefável, ganhando sua plena realização.

Talvez esta pequena história nos esclareça esse processo de despojamento progressivo para ser mais "eu".

Certa vez, um boneco de sal, após peregrinar por terras áridas, descobrir o mar. Por nunca tê-lo visto, não conseguia compreendê-lo. Iniciando um diálogo, ele perguntou ao mar: "Quem és tu?" "Eu sou o mar". Fez-lhe uma outra pergunta: "Mas o que é o mar?" E o mar lhe respondeu: "Sou eu". Disse o boneco de sal: "Não entendo, mas gostaria muito de compreender-te. Como faço"? O mar simplesmente respondeu: "Toca-me". Então o boneco de sal tocou timidamente o mar com a ponta dos dedos do pé. Mas logo se deu conta de que a ponta daqueles dedos haviam desaparecido. Imediatamente o boneco disse: "Ó mar, o que fizeste comigo?" E o mar respondeu: "Tu deste alguma coisa de ti e eu te dei compreensão. Tens de dar-me todo para que possa me compreender inteiramente". Então o boneco de sal começou a entrar lentamente no mar, devagar e solene, como quem vai fazer a coisa mais importante de sua vida. E à medida que ia entrando, ia se diluindo e compreendendo cada vez mais o mar. E continuava se perguntando: "O que é o mar"? Então uma onda o cobriu totalmente. Ainda pode dizer, no último momento, antes de se diluir no mar: "Sou eu".

Assim, desapegou-se de tudo e ganhou tudo: o verdadeiro eu.

Este lento despojamento representa a medida exata para conquistar a si mesmo e ser plenamente *eu*, plenamente pessoa, imersa na Grande Realidade que nos colocou neste mundo.

Manejo justo do dinheiro: a autocontenção

Uma das formas de despojamento é definir qual é a justa medida no uso e manejo do dinheiro. Quase tudo é mediado pelo dinheiro ou seus equivalentes (cartões de crédito, cartões de débito etc.). Não desprezamos o dinheiro, mas também não o idolatramos. Um discípulo de São Paulo foi certeiro quando disse: "a raiz de todos os males é a cobiça do dinheiro; por terem se deixado levar por ela, muitos se perderam, atormentando-se com muito sofrimento" (1Tm 6,10). O sábio já advertia: "quem ama o dinheiro nunca se farta de dinheiro nem logra conciliar o sono (Ecl 10,5).

Nossa sociedade, assentada sobre o capital medido pela quantidade de dinheiro em bancos ou em bens, tem cometido os piores crimes contra classes superexploradas e contra a natureza, desapiedadamente sugada de seus bens e serviços com o intuito de acumular cada vez mais fortuna. O dinheiro se transformou num ídolo que criou um exército de adoradores, quase sempre à custa da pobreza das maiorias e do sacrifício da Mãe Terra. Para a convivência com o dinheiro também se faz necessário adotar o princípio da justa medida. Alguns se afanam em acumular, indo muito além de suas necessidades; estes nunca se contentam e, assim, caem no campo do excesso; pura demonstração de ausência da justa medida. Paralelo a isso está o consumo suntuoso, o descarte e a acumulação do supérfluo, que poderia salvar tantas vidas.

Outros gastam grande parte do tempo de sua vida para ganhar o suficiente para viver e sobreviver com sua família, raramente alcançando o equilíbrio indispensável. A grande maioria da humanidade mal sobrevive por causa do egoísmo, da falta de solidariedade e de coração dos *sumo sacerdotes da economia que mata*, como diz o Papa Francisco. A morte por fome que eles produzem é a forma mais cruel de assassinato lento de milhões e milhões de semelhantes, reduzidos a subgente, a zeros econômicos, sendo descartáveis pelo sistema de produção e de consumo.

Como viver o tempo em sua justa medida

Se há algo que não controlamos e sequer sabemos o que realmente significa é o tempo. O passado já não é; o futuro ainda não é; e o presente ninguém o detém, pois é fugaz e corre como as águas do riacho, que nunca voltam. Ninguém, nem os mais argutos filósofos e pensadores geniais souberam nos dizer o que é o tempo. Como dizia Santo Agostinho, "sei o que ele é agora, mas se me perguntas já não sei mais porque ele já passou".

Talvez possamos ousar concebê-lo como *a espera daquilo que há de vir*. Essa espera indefinível constituiria a natureza do tempo. Talvez ele seja a irrupção, como um raio momentâneo e irrefreável, da própria eternidade. Mas a eternidade não representa um tempo sem fim; ela é de outra natureza: uma plenitude tão completa que significa uma presença perene que jamais se apaga.

De todos os modos, somos seres que vivemos no mundo junto com outros no tempo rumando para um além do tempo. Tudo depende do que fazemos com ele como um *dolce far niente*, um deixar passar, vazio de propósito, um tempo morto. O tempo encontra sua justa medida quando fazemos dele uma oportunidade de moldar nossa vida, de ganhar, pelo trabalho sempre oneroso, a própria autonomia e o sustento para nós e para os outros, numa condição mais fraterna e habitável para quem conosco comparte a vida. É o tempo vivo e carregado de sentido.

Há o tempo do relógio, que é sempre igual e uma medida inventada pelos seres humanos, seja referido ao sol, à lua ou ao curso do universo. Há o tempo oportuno, aquele momento em que nos é oferecida uma chance única da realização de um desejo ou de gozar de uma experiência seminal que marca toda a nossa vida: pode ser um encontro de amor, um diálogo sapiencial com uma pessoa carismática que nos fascinou e nos envolveu totalmente, ou o êxtase diante da potência da majestade e da beleza das Cataratas do Iguaçú nos fazem esquecer o tempo cronológico e nos confere uma experiência de êxtase existencial.

Um tempo particularmente oportuno pode ocorrer numa profunda e inesperada experiência de encontro com o Mistério de todas as coisas, a percepção de uma Presença tão densa que suspende o tempo do relógio para dar lugar a uma comunhão e fusão tão intensa, que parece escapar do tempo, pois é sem duração, comunhão, com o Ser que faz ser todos os seres. Isso está relacionado à experiência mística, algo inexprimível pela categoria tempo.

Essa experiência representa o tempo denso, mas tão denso, que dá a impressão de não passar, o tempo do amor apaixonado, o tempo do êxtase diante do Numinoso e Inefável que podemos vivenciar intimamente, dentro de nós e na contemplação extática do universo. Esse tempo denso que os textos sagrados chamam de *kairós* está fora de qualquer medida. É uma espécie de experiência momentânea de suspensão da duração e que nos permite intuir o que seja eternidade, que não é a prolongação de um tempo sem fim, não é uma quantidade ilimitada, mas uma qualidade nova: uma densidade de ser e de viver que não pode ser medida pelo tempo, porque é uma perene Presença. Um *agora* sem passado nem futuro.

Viver estes vários tempos na medida adequada a eles é o que constitui a justa medida do tempo e da vida temporal.

Como criar a justa medida num lugar especial da casa

Entre os muitos modos do tempo há um que vale a pena dar-lhe atenção: o tempo que tomamos para nós mesmos, para olharmos para dentro, para consultar o nosso coração, ajuizarmos nossos desejos, mesmo os mais íntimos, e finalmente para estarmos conosco mesmos, sem a presença de outros.

Para esses momentos a tradição greco-latina cultivou um belo hábito de venerar a figura de Héstia (para os gregos) ou de Vesta (para os romanos). Héstia ou Vesta é uma dimensão existencial que representa o centro do lar, o nosso próprio centro (pessoal) e de nossa Casa Comum. A missão principal de Héstia ou de Vesta era manter a dispensa sempre abastecida, mas principalmente garantir a harmonia dentro da família, o que incluía a capacidade de renúncia, de contenção e de desprendimento de todos em benefício de seus membros.

Héstia ou Vesta, como dimensões existenciais, representavam também o lar em cujo centro ardia o fogo, ao redor do qual todos se agrupavam para se aquecerem, conversarem e conviverem. Portanto, é o coração da casa, o lugar da intimidade familiar, longe do tumulto da rua.

Nas cidades gregas e romanas mantinha-se sempre um fogo aceso para expressar a presença protetora de Héstia ou de Vesta, como, aliás, algumas famílias ainda hoje mantêm uma luzinha, uma chama acesa, alimentada por óleo, na sala da casa.

Para o tema da justa medida nos interessa resgatar a dimensão Héstia ou Vesta ao concreto da vida pessoal: valorizar aquele canto para onde alguém se recolhe para estar a sós, lendo jornal, livro, organizando seus pensamentos ou meditando.

Na casa, cada um tem o seu lugar preferido ou sua cadeira de estimação. Para saber onde se encontra a nossa

Héstia ou Vesta devemos nos perguntar, quando estamos fora de casa: "Qual é a imagem que melhor lembra o nosso canto, onde Héstia ou Vesta se fazem presentes? Aí é o lugar onde me sinto *eu mesmo*". Sem a dimensão Héstia ou Vesta, a casa se transforma num dormitório ou numa espécie de pensão sem vida. Com ela há afeição, bem-estar e o sentimento de estar "finalmente em casa".

Héstia ou Vesta era comparada a uma aranha, por tecer as teias que unem todos, e para onde se concentravam todas as informações que interessam aos membros da família. A nossa cultura patriarcal e a masculinização das relações sociais tornaram a dimensão Héstia ou Vesta grandemente enfraquecida ou até inexistente.

As mulheres fizeram bem em "sair de casa" para desenvolverem sua capacidade de participar, organizar e dirigir. Levaram para o mundo do trabalho as virtudes principais da feminilidade, que se resumem no espírito de cooperação e de cuidado. Esse espírito confere equilíbrio e torna as relações mais personalizadas e menos funcionais. Mas chega o momento de voltar para casa e de resgatar a dimensão Héstia ou Vesta, o lar, sem o qual não há o refúgio que a alma precisa para estar consigo mesma, refazer-se e *sentir-se em casa*.

Ai da casa desleixada e desordenada! Nisso emerge a vontade de que Héstia ou Vesta se faça presente para garantir a atmosfera boa, íntima, familiar em seu equilíbrio e justa medida. Esta não é apenas tarefa da mulher, mas também do homem. Por isso, todo homem e toda a mulher devem encontrar a justa medida, o equilíbrio entre o momento de estar fora de casa para trabalhar e o momento de voltar para casa e encontrar o seu aconchego.

Hoje, por mais feministas que sejam as mulheres, elas estão resgatando mais e mais essa fina dosagem vital: a justa medida do estar fora de casa para o trabalho e a volta ao seio do lar, onde encontra consigo mesma.

Faz-se urgente resgatar a dimensão Héstia ou Vesta para chegar ao correto meio-termo e à justa medida entre o trabalho e o cuidado, e entre a luta pela vida e o estar em casa, no seu canto preferido.

A justa medida entre o masculino e o feminino

O ser humano não é simples, mas complexo. Ele emerge sob duas formas, como homem e como mulher. Nasce inteiro, tem cabeça, coração, tronco e pés; numa palavra, tem corpo, alma e espírito. Mas é incompleto. Viver é ir completando a vida, fazê-la crescer, revelar habilidades escondidas, tornar-se homem e mulher, e seremos homens e mulheres dentro do formato de cada cultura. Por isso, em cada homem e em cada mulher há algo dado pela natureza, mas a conformação desse dado é feita pela cultura. Existimos e somos culturalmente moldados.

Nunca, entretanto, estamos prontos, pois, como já refletimos, todo ser humano, homem e mulher, comparece como um projeto infinito. Vem habitado por uma fome que nunca se sacia, por mais que encontre realização naquilo que faz.

Nem poderia ser diferente, pois, segundo as escrituras, ele é feito imagem e semelhança de Deus. E este é o Infinito, que depositou em nós o desejo infinito que, na verdade, é o eco da voz de Deus que nos chama. Daí sermos só e plenamente humanos, como homens e mulheres, quando encontrarmos e mergulharmos nesse Infinito. Em outras palavras: a meta da hominização é a divinização.

Homem e mulher realizam, cada um à sua maneira, a humanidade. Eles emergem juntos, não em primeiro lugar para procriarem outros seres semelhantes a eles. Isso também o fazem, mas o sentido originário de serem diferentes é para poderem se comunicar, dialogar e conviverem. Juntos e diferentes, eles compõem o ser humano.

Eles só chegam à sua plena realização na mútua relação, sendo recíprocos, voltados uns para os outros. Sabemos que o homem se torna plenamente homem sob o olhar da mulher, e, semelhantemente, a mulher se torna plenamente mulher sob o olhar do homem. Por que é assim?

As ciências da vida e a observação do ser humano concreto nos fizeram ver que homem e mulher, tomados em si mesmos, são mais do que isso, mas dimensões humanas que denominamos masculino e feminino; ou, como dizem alguns, cada um é portador da dimensão *animus* (masculino) e da dimensão *anima* (feminino). Todo homem possui dentro de si a dimensão feminina, a *anima*, bem como toda mulher possui a dimensão masculina, o *animus*. Pelo fato de cada um ter uma porção do outro, podem dialogar, trocar e se entender. Se fossem absolutamente diferentes, como iriam poder se entender no diálogo e na troca? Cada um possui uma porção do outro, mas sempre do seu jeito, próprio dele. Em todos nós há simultaneamente a dimensão masculina e a feminina.

O que é, então, o feminino no homem e na mulher? Essa dimensão feminina é o cuidado, a ternura, a sensibilidade, a percepção de mensagens nos fatos que ocorrem, as intuições, os valores, a ética e a espiritualidade. Observemos que não se trata de algo exclusivo da mulher, mas de algo existente também no homem.

E o que é o masculino no homem e na mulher? Esta dimensão está ligada ao vigor, à racionalidade, à capacidade de direção, de trabalho, de invenção, de enfrentamento de dificuldades, de coragem e de abrir caminhos. Novamente, isso não são atributos exclusivos do homem, mas também pertencem à mulher, que é chamada a dirigir, a trabalhar, a criar, a enfrentar dificuldades e a investir-se de coragem para abrir novos caminhos.

Sintetizando, cada um tem dentro de si a dimensão feminina e a masculina, realizada a seu modo e em proporções diferentes. É aqui que surge a justa medida.

Em termos práticos, como combinar a ternura com o vigor, a sensibilidade com a razão, a intuição com a crítica? Pode ocorrer que determinada mulher exacerbe sua dimensão masculina, e, permanecendo mulher, torna-se autoritária, calculadora, racionalista. Excedeu-se no vigor e perdeu a medida justa. Algo semelhante pode ocorrer com o homem que não integra bem sua dimensão feminina, tornando-se obsessivamente cuidadoso, dando asas à sensibilidade às custas do bom-senso. Nesse caso ele também perdeu a justa medida.

O ideal a ser buscado é encontrar o meio-termo entre o vigor e a ternura, entre a sensibilidade e a razão, entre a cabeça e o coração, equilibrando um e outro, e assim ser mais plenamente humano, como homem e como mulher.

Parte III

Viver a justa medida no nível interpessoal

Capítulo 13

A justa medida
nas relações sociais

Grande parte de nosso tempo, a melhor parte dele, passamos no trabalho, seja no campo, dentro de um escritório, no supermercado adquirindo coisas, em viagem de avião, de curta ou longa distância, dando aulas, cuidando dos filhos e filhas em casa etc. Como encontrar a justa medida entre todas estas tarefas?

A justa medida entre o tempo do trabalho e o tempo de vida

O trabalho pertence à condição do ser humano, que, como já consideramos, apresenta-se destituído de independência biológica e, por isso, forçado a criar seus meios de vida. Mas ele também, que poderia ser uma autorrealização, foi transformado em mercadoria a ser posta no mercado. É o trabalho assalariado que torna as pessoas verdadeiramente escravas de seu ofício em troca de dinheiro. Nele são dispendidas as melhores horas do dia; mas não só de trabalho e pão vive o ser humano. Ele é um ser de muitas exigências: emocionais, intelectuais, profissionais, pessoais e espirituais. Como encontrar a justa medida entre o tempo do trabalho inevitável e o tempo de vida com a família e com os amigos, momentos que as escrituras chamam de "sábado"?

No "sábado" se esquece o trabalho, anulam-se as hierarquias e diminuem as desigualdades. Nesse dia todos são criaturas humanas que celebram a alegria de estar vivos e de desfrutar de um tempo denso e livre. Talvez um texto de um grande escritor brasileiro, autor do famoso *Olhai os lírios do campo*, Érico Veríssimo, nos dê certa iluminação. Num tópico de seu romance escreve algo que serve como resposta à nossa busca da justa medida:

> Se naquele instante caísse na terra um habitante de Marte, havia de ficar embasbacado ao verificar que num dia tão maravilhosamente belo e macio, de sol tão dourado, os homens em sua maioria estavam metidos em escritórios, oficinas, fábricas. E se perguntasse a qualquer um deles: "Homem, por que trabalhas com tanta fúria durante todas as horas de sol?" ouviria esta resposta singular: "Para ganhar a vida". E, no entanto, a vida ali estava a se oferecer toda, numa gratuidade milagrosa. Os homens viviam tão ofuscados por desejos ambiciosos que nem sequer davam por ela. Nem com todas as conquistas da inteligência tinham descoberto um meio de trabalhar menos e viver mais. Agitavam-se na terra e não se conheciam uns aos outros, não se amavam como deviam. A competição os transformava em inimi-

gos. E havia muitos séculos, tinham crucificado um profeta que se esforçara por lhes mostrar que eles eram irmãos, apenas e sempre irmãos.

É da pena de um literato que nos vem a melhor lição: os seres humanos estão ainda à procura da justa medida entre o trabalho e a alegria de viver, entre a fúria de ganhar a vida pelo trabalho e a gratuidade da vida que é oferecida sem preço e trabalho dia após dia.

A justa medida entre as preocupações e a alegria de viver

A vida da grande maioria das pessoas carrega uma cruz com a qual deve conviver e carregá-la da forma menos penosa possível. A cruz são as muitas preocupações: o que vamos comer amanhã, como manter ou pagar o aluguel da casa, como garantir o emprego, como pagar a escola dos filhos, como quitar as contas no final do mês, e até como se vestir. Somos acossados pelo medo de sermos assaltados na rua, de perdermos isso e aquilo, de ficarmos doentes e deixar a família desamparada. Essa é a condição humana com o seu peso diário.

Apesar das preocupações existe dentro de nós a intuição de que a vida é mais do que trabalho e preocupação. Vigora em nós uma confiança fundamental de que a vida vale a pena, de que ela contém uma bondade indestrutível dentro de si.

A justa medida emerge quando combinamos serenamente essas duas dimensões. Ninguém melhor do que o Mestre de Nazaré, que nos falou delas e nos ensinou como elaborar a justa medida entre a carga da vida e sua gratuidade. Eis suas advertências:

> Não vos preocupeis com o que havereis de comer, nem com o que haveis de vestir. Não será a vida mais do que o alimento e o corpo mais do que a vestimenta? Olhai as aves do céu: não semeiam, nem colhem e nem guardam em celeiros. E, no entanto, o Pai celeste as alimenta. Olhai como crescem os lírios do campo: não trabalham nem fiam. Mas eu vos digo: nem Salomão, com toda sua glória, vestiu-se como um deles. Não vos preocupeis, pois, com o que havereis de comer ou com o que havereis de beber. Ora, vosso Pai celeste sabe muito bem que necessitais de tudo isso. Não vos preocupeis com o dia de amanhã. Ele terá suas próprias necessidades. A cada dia basta o seu fardo (Mt 6,25-34).

Este ensinamento de Jesus não é um convite à negligência nem à irresponsabilidade. Ele também sabe que os pássaros têm que buscar o seu alimento e trabalham para construir seus ninhos.

Jesus não quer desviar as pessoas de seus deveres, mas ensinar-lhes a justa medida: vale mais a vida humana do que as coisas. Centrados só nas preocupações, tornamo-nos escravos e perdemos o sentido da vida e sua alegria. Se unirmos trabalho com confiança na bondade fundamental da vida encontraremos sua justa medida. As cruzes continuarão a pesar sobre nossas costas, mas teremos um entusiasmo interior que as tornará suportáveis, e, assim, carregaremos o fardo cotidiano com leveza e jovialidade interior.

Capítulo 14

A justa medida entre a religiosidade e a espiritualidade

O fato religioso é um dos mais ancestrais da história da humanidade. Os restos arqueológicos deixaram sinais da religiosidade do ser humano. Diz-se que a primeira interpretação do mundo foi feita no código da religião. Por mais que tenha sido atacada pelos mestres da suspeita e da crítica, criticando-a como mero resquício do passado mítico, seja como uma neurose coletiva, seja como uma alienação e mesmo como uma ilusão, ela sempre resistiu e sempre se renovou. Tal fato revela que os críticos não foram suficientemente críticos para perceber natureza singular do fato religioso.

Um dos diretores da escola de diplomatas estadunidenses criticou a política externa de seu país por nunca ter tomado a sério o fator religioso. Ele argumentava que quase todos os conflitos já existentes possuíam um fundo religioso, seja com muçulmanos, seja com ortodoxos e com os cristãos. Isso tem sua razão de ser, comentava ele, porque o que move as pessoas não são ideologias ou interesses econômicos; o que as mobiliza são valores ancorados nas religiões de forma tão profunda, que há fiéis prontos a dar sua vida por eles.

A religião não está apenas relacionada a ideias sob a forma de doutrinas, mas com forças poderosas que podem "mover montanhas"; isto é, podem sustentar resistências, sacrifícios e a própria vida. Toda religião procura ligar e re-ligar a pessoa com Aquela suprema Realidade que é tida como a criadora, sustentadora de todas as coisas nos céus e na Terra. Ela surge como a doadora e garantidora do sentido último da vida.

O equívoco dos críticos da religião foi tê-la colocado num lugar que não lhe pertence: na razão ilustrada. Colocada aí surgem contradições entre fé e razão, entre ciência e religião. Entretanto, não perceberam que a sua natureza se realiza num outro lugar; seu nicho é o sentimento profundo, e não a razão; é o coração, a utopia, os grandes sonhos e desejos.

Bem dizia um dos maiores espíritos da cultura francesa, Pascal (1823-1862): "é o coração que sente Deus, não a razão". Do coração nascem os grandes valores, o amor e os sentimentos mais profundos. Este é o lugar da religião, que sempre é colocado sob suspeita pela razão, incapaz de entender as razões do coração.

A religião não pretende explicar o mundo, coisa que as ciências fazem; ela pretende dar um sentido último a ele. Mais ainda, a religião representa um protesto contra o mundo que está aí, cheio de imperfeições e desumano. Quer um mundo de reconciliação, no qual tudo esteja re-ligado entre si e com uma Realidade maior. Por isso ela se propõe transcender esse mundo por um outro muito mais perfeito e realizador dos anelos humanos.

Esses anelos estão ancorados no coração e na mente de todas as pessoas, querendo outro tipo de mundo no qual é possível viver no amor, na justiça, no cuidado para com os pobres e na veneração da Divindade, que tudo sustenta.

Nisto se encontra a verdadeira natureza da religião: temos consciência de que tudo o que é sadio pode adoecer; assim, a natureza da religião pode adoecer na forma de fundamentalismo (só a minha verdade é certa), de rigidez doutrinária e moralista (as doutrinas e leis estão acima da vida) e outros desvios, especialmente quando ela se transforma em mercadoria e segue as leis do mercado, como verdadeiro negócio de fazer dinheiro, explorando a boa-fé dos fiéis. Tal fato é uma doença, e não a natureza verdadeira da religião, que existe para alimentar o mais valioso e grande que existe no ser humano; pode ligar-se e religar-se com a Fonte de onde jorraram todos os seres.

Cada cultura produz sua religião; vale dizer, um sentido da história e do destino final do ser humano. Mas a religião não nasce por si mesma; ela irrompe de algo mais profundo, do sentimento oceânico de que por trás de todas as coisas e do céu estrelado existe uma Energia poderosa e amorosa que colocou tudo em marcha. A religião vive da experiência do Mistério de nossa própria existência (ninguém deu a si mesmo a existência), do Mistério da vida em todas as suas formas, do Mistério do universo estrelado com miríades de galáxias, estrelas, sóis e planetas. Este Mistério não significa o limite da razão, mas o ilimitado dela. Sempre pode ser conhecido mais e mais, mas permanece Mistério em todo o conhecimento.

O ser humano, diante deste Mistério sempre conhecido e incognoscível, enche-se de encantamento e de veneração; ele mais cala, reverentemente, do que fala, pois nenhuma palavra exprime a grandiosidade e a majestade do Mistério.

A espiritualidade consiste em experimentar esse Mistério, fazendo a passagem da cabeça ao coração, que sente, medita e venera. Cada religião exprime esse Mistério a seu jeito, com ritos, símbolos, festas e doutrinas.

Muitos nomes são dados ao Mistério sem nome, chamando-o de Tao, Shiva, Alá, Javé, Olorum ou simplesmente de Deus. Mas nenhum dos nomes o define e nenhuma forma cultural exaure sua riqueza. Sentir esse Mistério íntimo e profundo constitui a espiritualidade. Nesse sentido, ela é mais do que a religião.

Pode haver pessoas que, por razões que não cabem ser discutidas aqui, não se inscrevem dentro de uma confissão religiosa, mas podem ser profundamente espirituais, por captarem esse Mistério e o reverenciarem como, por exemplo, fez o grande gênio entre os cientistas, Albert Einstein. Não se confessava um homem religioso, mas, sim, alguém profundamente espiritual, extasiado diante do Mistério do universo e de todas as coisas.

A religião tanto pode ajudar como também dificultar a experiência desse Mistério. Quando uma religião substitui a experiência com doutrinas rígidas, com ritos que já perderam sentido, ela cria obstáculos à abertura e à experiência do Mistério. Mas ela também pode ajudar, criando condições adequadas de respeito, de devoção, de coerência ética que remetem a pessoa a algo sempre Maior, que é o Mistério. A espiritualidade se revela no respeito, na reverência, na solidariedade, na compaixão e na total abertura ao Infinito, embora não lhe dê um nome.

A justa medida consiste em encontrar o equilíbrio entre a religião e a espiritualidade, dando a esta sempre a primazia, pois ela é a fonte das religiões, que podem ser equiparadas a diferentes canais que transmitem a água cristalina da fonte, que é a espiritualidade.

O ser humano que cultiva a espiritualidade mostra-se mais sensível, compassivo diante da dor do outro e disposto a estender-lhe a mão, mais respeitoso das diferenças e mais solidário e amoroso nas relações humanas.

Não sem razão, foi no âmbito da espiritualidade e das religiões que surgiram as pessoas mais veneráveis da humanidade, como Moisés, Isaías, Jesus Cristo, Francisco de Assis, Tereza de Ávila, Gandhi, Dom Helder Camara, Irmã Dulce, Luther King, Edit Stein, Dalai Lama e outros inspiradores e inspiradoras de caminhos espirituais e religiosos.

Capítulo 15

A justa medida para com a natureza relacional de tudo

Fundamentais são as mudanças pessoais, as assim chamadas *revoluções moleculares*. Estas começam pela pessoa que se dispõe a fazer a sua revolução em nível pessoal. Constituem princípios da física quântica ver toda a realidade, também a matéria, como formas de energia em distintos graus de densidade e sempre em teias de relações. Consoante a esta compreensão, nada existe fora das relações e nenhum ato feito pela pessoa fica retido nela. A energia que emite circula por todas as teias, fortalecendo-as e, desta forma, acelerando o processo de mudanças paradigmáticas. Disso se deriva o fato de que nenhum ato humano se reduz ao pessoal, mas sempre implica o social e global. Vejamos algumas expressões da dimensão da justa medida no âmbito interpessoal.

A justa medida entre a satisfação das necessidades e a intervenção na natureza

A pressão do consumo devido ao crescimento da população mundial demanda uma sutil e justa medida nas intervenções da natureza. Damos um exemplo: metade da humanidade se alimenta de arroz. Tendo em vista o aumento populacional, faz-se necessário produzir até 2025 70% mais arroz do que o disponível. Este, por sua vez, demanda terra, água e energia. As terras cultiváveis, sob ameaça de eventos extremos e do aquecimento global, terão condições de fornecer arroz suficiente aos consumidores?

Aqui exige-se uma sutil e justa medida na intervenção da natureza para que ela, mantendo sua biocapacidade, possa produzir o que nós precisamos.

As técnicas não agressivas, chamadas de sociais, mas as novas formas de produção agroecológica, como a economia solidária e a bioeconomia, podem prestar um relevante serviço. Acresce ainda o fato da necessidade de propiciar descanso ao ecossistema do arroz, para que possa se regenerar e continuar a atender às futuras exigências humanas

O mesmo problema surge em todos os âmbitos na definição da justa medida entre a intervenção na natureza e a necessidade de uma produção do suficiente e do decente para milhões (contrária àquela da acumulação ilimitada). Não há uma fórmula única; ela depende de cada ecossistema, dos territórios, dos climas, das tradições arraigadas da população e de outros fatores limitantes. Mas todos eles precisam se inscrever dentro da justa medida e do equilíbrio dinâmico, necessários para atender às atuais gerações, como também as futuras.

Caso contrário não se manterá a sustentabilidade e se alavancará um processo de degeneração ecológica. Mais do que nunca se impõe uma ética mundial da justa medida, do cuidado e da corresponsabilidade universal, decisões a serem assumidas por todos.

Tudo isso vai depender do tipo de relação que teremos de incorporar para com a natureza. Não é possível prolongar o paradigma dominante que falsamente a imagina com uma disposição ilimitada de bens e serviços naturais a serem explorados sem limites, disposição que sustenta um pretenso desenvolvimento/crescimento também ilimitado.

Tal projeto, com as mudanças já ocorridas no equilíbrio da Terra – devido ao aquecimento global crescente e às advertências dadas pelo Covid-19 –, impõe, especialmente aos países desenvolvidos e ricos, certo decrescimento. Isto supõe a renúncia voluntária do projeto da Modernidade: crescer sempre mais, sem dar-se conta dos limites da natureza. Tal opção não possui somente um valor ecológico, mas é uma forma de solidariedade para com as regiões sob graves carências. Impor a estas um decrescimento seria condená-las à miséria. Elas precisam de um desenvolvimento sustentável para atenderem às necessidades básicas de suas populações.

Todos devem colocar o bem comum acima do bem particular, contentar-se com menos para ser mais coletivamente e manter saudáveis as bases que sustentam a perpetuação da vida na Terra. Se não fizermos essa conversão ecológica paradigmática seremos condenados a assistir, num prazo de tempo não muito distante, a um verdadeiro armagedom socioecológico. Seria a desolação da tribulação que seguramente todos querem evitar.

A justa medida entre a preservação da natureza e o extrativismo

É notório que as florestas úmidas na África, no sudeste da Ásia e principalmente na região amazônica, que recobre oito países, são as que mais riquezas naturais contêm, principalmente água e biodiversidade. Ocorre que nelas normalmente se pratica o extrativismo de forma selvagem, sem qualquer justa medida entre a preservação na natureza e sua capacidade de continuar a oferecer produtos naturais.

Especialmente a Amazônia oferece uma quantidade enorme de produtos alimentícios como cacau, castanha, palmito, açaí, pupunha, vários tipos de madeira, além de inumeráveis espécies de peixes e de animais nativos.

Chico Mendes, o mártir da defesa da Amazônia, não se cansava em afirmar que a floresta em pé produz muito mais do que a floresta no chão, abatida. Pode-se, tranquilamente, com técnicas já experimentadas, combinar com equilíbrio o cultivo da soja, e mesmo a criação de gado, sem afetar o equilíbrio ecológico do sistema amazônico.

No ritmo atual, com a devastação ilegal de vastas áreas, seja para extração de madeiras nobres, seja para a implantação da monocultura da soja, do girassol e da criação de gado, a Amazônia brasileira, dentro de poucos anos, poderá perder seu equilíbrio e tornar-se uma imensa savana. A diminuição da umidade amazônica (os famosos rios voadores) prejudicará uma grande região, alcançando o norte da Argentina e do Uruguai. O nível freático de regiões que dependem das chuvas vindas da Amazônia, como o cerrado (verdadeira caixa d'água de muitos rios brasileiros) irá diminuir, enfraquecendo o nível das águas fluviais e os aquíferos que subjazem em vastas regiões (como o Guarani, o Rés do Chão e outros).

O extrativismo é legítimo dentro de uma rigorosa e justa medida para preservar a selva com sua biocapacidade e biodiversidade. Entretanto, a função primordial das florestas úmidas reside nos serviços naturais que prestam à totalidade do sistema-Terra e do sistema-Vida. Anualmente elas sequestram milhões e milhões de toneladas de dióxido de carbono da atmosfera, transformando-o, pela fotossíntese, em oxigênio, sem o qual nenhuma vida pode existir. Além do mais, elas guardam ricos elementos para a farmacopeia, para corantes e perfume, além de fibras para muitos produtos, inclusive roupas.

Tudo, entretanto, depende de um intencionado equilíbrio e de um zelo cuidadoso da justa medida, de modo a manter a floresta em pé e ao mesmo tempo ser útil ao ser humano e à ciência. Ninguém melhor do que os indígenas para garantirem esse equilíbrio. Eles se sentem parte da floresta e a tratam com cuidado, como cuidam de seu próprio corpo. Deles temos muito a aprender; são nossos mestres e doutores no trato cuidadoso para com a natureza.

A justa medida entre o legal e o interesse geral

Não há sociedades que não sejam regidas por normas e leis. Elas sempre implicam alguma limitação do que se pode ou não se pode fazer. No entanto, a realidade concreta, devido à voracidade do sistema de produção imperante e à falta de responsabilidade coletiva dos estados, das grandes empresas e das pessoas, desborda das leis.

Consideremos apenas o lado das normas e leis necessárias para a preservação ecológica. Quando são flexibilizadas, como tem ocorrido no Brasil, ocasionam desastres como incêndios de proporções colossais, que implicam a destruição da biodiversidade e a perda de porções importantes da floresta que equilibra o clima.

Mas também pode ocorrer o inverso; isto é, a absolutização das normas, gerando a perda da relação com a corrente da vida e possibilitando a ocorrência de injustiças e danos à natureza e à sociedade. Daí se deriva a compreensão de que mais vale a vida do que as leis; mais contam os processos vitais do que a prescrição de limites.

Aqui surge novamente a equação da justa medida. Ela não nasce simplesmente no equilíbrio das normas, mas da observação das relações e dos processos que estão em curso, através dos quais surge o que é mais apropriado e justo para determinada situação.

As normas e as leis não podem ser invalidadas, pois servem de orientação, e não freio aos acontecimentos, na busca de equilíbrio dinâmico. Nesta perspectiva ganha valor o princípio da complementaridade; isto é, a inclusão de diversas perspectivas da realidade são complementares, reforçando e garantindo a justa medida vital e real, e não artificialmente criada. Se for meramente legal, sem aderência ao que cada bioma demanda, a sustentabilidade não se mantém, destruindo a justa medida.

Na verdade, o que realmente deve ser observado – pois é o que conta – são os processos e o conjunto das relações, e não simplesmente os resultados, que podem ser artificialmente alcançados na contramão do ritmo do ecossistema. Não sendo fruto de uma medida justa não se sustentam e se tornam enganosos.

Parte IV

O caminho adiante com sonhos, utopias, cantos e esperança

Capítulo 16

O caminho de um jovem da Comuna: a pobreza e a fraternidade universal

Estamos no século XIII. O mundo feudal está em seu ocaso. Ocorrem grandes transformações: de um mundo *rural* passa-se a um mundo *urbano*; de um mundo *estável*, ligado à terra, passa-se a um mundo em *movimento*; de um mundo baseado na *vassalagem* e na *hierarquização* passa-se para um mundo da *comuna* e das associações nas quais os cidadãos se sentem iguais e livres.

Surgem cidades-comunas, independentes dos senhores dos castelos. Na comuna faz-se um pacto entre todos os habitantes para preservarem a liberdade, defenderem-se mutuamente e não viverem mais como vassalos e súditos, mas como homens livres.

Figuras centrais e protagonistas são os mercadores, que percorrem todas as terras onde há mercados, na Itália, na

França, até Flandres, alguns, inclusive, até a China, comprando e vendendo mercadorias. Querem fazer dinheiro e criar fortunas.

O caminho de um jovem da comuna: a pobreza e a fraternidade universal

Um novo mundo irrompe, atingindo fortemente grupos de Igreja, em sua grande maioria jovens e leigos. Não se sentem representados por papa, bispos e padres, feitos grandes senhores, com palácios e terras, articulados com os potentados do tempo, reis, condes e príncipes.

Eles aceitam a nova realidade, feita de associações fraternais, igualitárias e orgulhosas das novas liberdades. Dentro desse mundo que mal desperta do sono feudal começam a viver, leigos e leigas, por conta própria, o evangelho da fraternidade aberta, o espírito de pobreza, como a viveu Jesus. Saem pregando nas línguas populares – e não usando o latim – de vila em vila, e sempre em movimento pelos caminhos. É o conhecido movimento pauperista de homens e de mulheres que irrompeu especialmente na Itália e no sul da França. É um cristianismo em saída.

Assumir os anseios dos novos tempos

O Evangelho se torna boa notícia da proximidade de Deus somente quando se confronta com os desafios do tempo, assumindo-os e os transfigurando, e com eles conferindo um novo rosto à mensagem de Jesus. Foi o que ocorreu com esses movimentos no século XIII e também com um filho de um rico mercador.

Logicamente, havia mercadores bem-sucedidos e que ostentavam suas fortunas. Seus filhos desfrutavam da riqueza dos pais, formando uma *juventude dourada* que vivia em festas noturnas, algazarras, entoando canções francesas de amor. Entre eles, se destaca um, filho de um rico comerciante de roupas finas, casado com uma francesa, que conheceu numa de suas viagens de negócio ao sul da França.

Com seu bastão enfeitado, o jovem era proclamado como o rei dos festejos. Nele havia um entusiasmo contagiante, uma alegria efusiva e uma liderança incontestável.

Num enfrentamento armado entre sua cidade e a cidade vizinha, esse jovem foi feito prisioneiro. Passou 11 meses na prisão e doente. Foi um tempo de muita reflexão e revisão de vida, dando-se conta da futilidade da vida que levava. Isso o levou a uma profunda crise, e toda crise acrisola e faz as pessoas mudarem.

Ao voltar para casa mostrou-se arredio; não queria mais participar das festas juvenis. Descobriu o outro lado da moeda daquela sociedade rica, a qual ele e sua família pertenciam: os tecelões que trabalham sob condições miseráveis, os marceneiros e os ferreiros trabalhando com salários de miséria, os serviçais que dormiam em lugares insalubres. Os que não conseguiram se inserir na comuna, envergonhados, tornaram-se pobres e perambulavam pelas casas pedindo comida.

Essa descoberta foi para aquele jovem rico um choque existencial avassalador. Como jovem e gozador da vida não havia se apercebido desse submundo, escondido nos porões do mundo rico dos membros da comuna. Decidiu-se retirar daquele mundo emergente e opulento.

Ao entrar em uma capela medieval e sombria, viu presa à parede a figura de um Cristo bizantino crucificado. Naquele rosto, que ele não se cansava de olhar, descobriu a doçura e a profunda humanidade de Deus. Quanto mais contemplava aquele rosto doce, mais se dava conta de que esse Deus não tinha nada a ver com a riqueza de sua comuna, nem com o poder senhorial dos bispos e do papa, nem dos grandes mosteiros com seus extensos territórios e com seus servos da gleba, e muito menos com o Deus dos comerciantes ricos, como seu pai.

Tomado de compaixão, foi à loja de tecidos de seu pai e começou a distribuí-los a muitos pobres. Logicamente, o pai e os antigos amigos o consideram louco.

Mas ele, como era muito determinado, tomou uma decisão radical: foi morar no meio dos leprosos. Estes ficavam afastados da cidade e eram obrigados a viver como prisioneiros em habitações abjetas. Mas esse jovem comia do mesmo prato que eles. Ele pensava: se Jesus, como diz São Paulo aos Filipenses, mostrou sua imensa bondade e misericórdia renunciando a seus títulos divinos, fazendo-se um homem como nós, por que ele não poderia seguir este seu exemplo?

Passava seu tempo entre os leprosos e na capelinha sombria onde estava o Cristo crucificado de rosto doce, suave e bondoso. Descobriu que havia por perto uma antiquíssima capelinha, Santa Maria dos Anjos, abandonada e cheia de buracos. Precisou de três anos para restaurá-la como pedreiro e ermitão, rezando e entoando alegremente cantigas em francês, que aprendera de sua mãe.

Certo dia, assistindo a uma missa, ouviu esta parte do Evangelho que fala da missão, quando Jesus disse: "Ide e proclamai que o Reino de Deus já foi aproximado. Não leveis nem ouro, nem prata, nem dinheiro no cinto, nem sacola pelo caminho nem duas túnicas, nem calçados, nem bastão". Estas palavras lhe causaram uma devastadora emoção, como se um raio o tivesse penetrado e transfigurado toda a sua alma. Então, vibrando de alegria, exclamou: "é isso que eu quero, é isso que eu procuro e é isso que eu desejo fazer de todo o coração".

A partir daí saía pelos caminhos e pelas vilas anunciando sempre "Paz e Bem" e a vinda do Reino de Deus. Para ele, Reino de Deus não era um reino, nem um lugar, nem um poder qualquer. Reino de Deus era a expressão para significar a proximidade de Deus, a opção de Deus pelos pobres. Anunciar que o Reino está próximo e dentro de nós significava que ele é para todos, também para os ingratos e maus. Era proclamar que há um Deus bom e misericordioso que decidiu se aproximar dos seres humanos. Por pior que seja, ninguém está fora do alcance desse Reino feito de amor e de infinita misericórdia. Jesus é esse Reino presente, manso, humilde, pobre e íntimo de Deus, a ponto de chamá-lo de *Abbá*, querido paizinho.

O carisma faz nascer uma nova fraternidade

Ocorreu um fato curioso: antigos amigos se entusiasmaram com o exemplo desse filho da comuna, assumindo os valores nascentes de fraternidade e de igualdade, confrontando suas vidas com o Jesus pobre e humilde, como vem apresentado nos evangelhos. Aquele jovem e os antigos companheiros de festas começaram a criar fraternidades. Em pouco tempo, já eram multidões. Até uma amiga muito querida, filha de um grão-senhor, fugiu de casa à noite e se associou à fraternidade.

Esse filho da comuna captou o anseio de liberdade e de novas formas de associação, querendo dar uma resposta a partir da prática de Jesus e do espírito evangélico. Não perdeu seu entusiasmo e sua jovialidade; vivendo alegre, entoava canções de amor dos trovadores, louvava a Deus junto com as cotovias. Via o Criador tão presente em todas as coisas, que começou a chamá-las com o doce nome de irmãs ou de irmãos. Não o dizia de boca; saia-lhe do coração e os sentia verdadeiramente como irmãos e irmãs, todos filhos e filhas do mesmo Criador. Mandava respeitar até as ervas silvestres porque, do jeito delas, também louvam a Deus.

Dominava-o a vontade de uma fraternidade universal, entre as pessoas e com todos os seres da natureza. Mas isso não bastava; almejava a união de toda a criação, de todos os homens com toda a natureza.

Havia um outro mundo, o dos muçulmanos, que também deveria ser inserido nessa fraternidade universal. Como havia uma cruzada em curso contra eles, meteu-se no meio e, arriscando a própria vida, foi encontrar-se com o sultão. Ficaram vários dias juntos num espírito de grande amizade e fraternidade. Nenhum deles tentava converter o outro, mas conviviam como irmãos, rezavam juntos, respeitando cada qual suas convicções. Aquele homem, mesmo não sendo cristão, também deveria pertencer à fraternidade sem fronteiras, e assim unificar a criação sob o arco-íris da bondade de Deus.

A grande tentação: qual a justa medida entre o carisma e a organização

Quando o número dos seguidores se tornou muito grande, criou-se um problema: Onde colocá-los para dormir? Como alimentá-los? O costume que ele inaugurou no espírito evangélico era enviá-los pelos caminhos em pequenos grupos, dormir onde fossem acolhidos e viver sem nenhuma segurança pessoal, senão do próprio trabalho, das esmolas ou da Providência Divina. Mas o que fazer com os novos que também queriam segui-lo? Deveria haver um lugar para estarem e serem iniciados na via do Evangelho. Impunha-se construir eremitérios e pequenos conventos.

Esse homem se viu diante de um impasse que não sabia como resolver. De forma alguma queira abandonar seu ideal primeiro – aliás, até aprovado pelo papa de então – de viver em extrema pobreza para estar mais próximo dos pobres, andando pelos caminhos. Por outro lado, devia cuidar responsavelmente de seus novos irmãos. Jamais lhe passou pela cabeça despedi-los.

Cheio de dúvidas entre esses dois valores – viver seu caminho pessoal de vida evangélica e como responder aos problemas dos novos que queriam segui-lo –, que escolha deveria fazer? Entregou-se durante certo tempo à oração e à reflexão; ficava sozinho, rezava e chorava, suplicando luzes que pareciam não lhe vir de parte alguma.

Mas de repente, disse para si mesmo: Não posso abandonar meus irmãos nem mandar embora os novos que seguramente vieram trazidos por Deus. Não está no Evangelho de São João esta palavra de Jesus: "Se alguém vem a mim, eu não o mandarei embora"? Como não contrariar a atitude do Mestre?

Mas eis que encontrou a sua justa medida: deixou que construíssem o mínimo de abrigos para todos esses novos, sob a condição de ele poder viver seu sonho inicial: em extrema pobreza, junto dos pobres e leprosos. Com esta decisão manteve a fraternidade unida e salvou o seu sonho. Toda tristeza foi embora e o Sol voltou a brilhar em seu coração.

Contam que sua identificação com Jesus pobre e crucificado foi tão radical, que, de repente, apareceram-lhe chagas nas mãos e nos pés. Sofria muito por causa dessas chagas e dos olhos, pois o sol do deserto do Egito para onde fora encontrar o sultão o deixara quase cego. Em uma certa noite, subitamente foi tomado de tão grande alegria interior, que começou a cantar. Compôs um poema que significa o casamento entre o Irmão e Senhor Sol com a Senhora e Mãe Terra. Desse casamento nasceram todas as coisas, cantadas em seu hino chamado de *Cântico do Irmão Sol* ou de *Cântico das criaturas*.

A ecologia exterior ressoava na ecologia interior, pois o que cantava era mais do que o sol, a terra, o vento, a água. Eram elementos simbólicos e arquetípicos de uma ecologia integral que ligava todas as coisas ao coração de Deus e ao seu próprio coração.

Pediu que, ao morrer, colocassem-no nu sobre a Mãe Terra. Era sua comunhão total com ela. Morreu aos 46 anos, entoando canções em francês.

Esse jovem, filho da comuna medieval, não é outro senão Francisco de Assis (1181-1228), também chamado de o Último Cristão, o Primeiro depois do Único, Jesus Cristo ou simplesmente de *Fratello* e *Poverello*, como ele gostava de ser chamado.

Capítulo 17

O caminho de alguém "que vem do fim do mundo": o cuidado da Casa Comum

O exemplo desse filho da Comuna de Assis ressoou pelos séculos afora. Encontrou alguém que "veio do fim do mundo", que amava os pobres e os visitava nas assim chamadas *vilas miséria*. Entrava em suas casas, escutava seus lamentos e também suas lutas. Discutia com os poderes públicos que faziam políticas compensatórias, paternalistas e assistencialistas. Dizia-lhes: "Dessa forma os mantêm sempre pobres e dependentes. Não precisamos de assistencialismo, mas de justiça social. É pela justiça social que seus direitos são garantidos, atendendo adequadamente suas necessidades vitais, sociais, culturais e até espirituais. Sem justiça social nunca haverá paz social. Nenhuma medida social para os pobres, que não envolve os próprios pobres, será uma solução para os pobres".

Um homem que vive o Evangelho da libertação

Por causa de seu amor aos pobres e sua luta pela justiça social assumiu a Teologia da Libertação, própria de seu país, sob pesada ditadura militar; libertação do povo oprimido e da cultura silenciada.

Foi vigiado e caluniado. Passou por decisões difíceis: entre salvar vidas de confrades ameaçados de sequestro e de tortura ou deixá-los trabalhar no meio dos pobres e participar de seu destino. Abandonou-se à Providência Divina.

Foi feito bispo e depois cardeal. Recusou-se a morar no palácio episcopal; vivia num pequeno apartamento, fazendo ele mesmo a comida para si; dispensou o carro à sua disposição. Para deslocar-se, tomava ônibus ou metrô, como todos, ou simplesmente ia caminhando sozinho, a pé. De manhã ia pessoalmente comprar os jornais do dia.

Para surpresa geral, da Igreja e do mundo, o papa reinante da época renunciou à sua onerosa missão. Sentia-se fraco para enfrentar os graves problemas que assolavam internamente a Igreja e lhe tiraram aquilo que julgava ser seu maior valor: a autoridade moral. Houve crimes de abuso de menores e malversão de valores do Banco do Vaticano.

A Igreja inteira, diante da opinião pública mundial, nunca se sentiu tão desmoralizada e feita cúmplice de crimes. Quem dos cardeais ousaria assumir a cátedra de Pedro nessas condições? A perplexidade entre todos eles era geral e humilhante.

Eis que saiu a fumaça branca. *Habemus papam!* Quem será? De onde virá? Anunciou-se um nome quase desconhecido. Eleito, fez uma escolha pessoal do nome, nunca antes usada por algum papa. Apresenta-se na famosa janela do imenso edifício do Vaticano. Saúda a população com um

"Boa noite". Pediu que os fiéis o abençoassem antes que ele os abençoasse.

Apresenta-se como bispo de Roma, e não, primeiramente, como papa. Propõe-se presidir a Igreja não pelo Direito Canônico, mas pelo amor e pela colaboração de todos. Desta forma pôde ser o animador da fé e da esperança de todos: o papa da Igreja Universal.

Não quis morar no palácio pontifício, todo adornado de quadros dos grandes pintores renascentistas e de sinais de riqueza. Ele, que veio "do fim do mundo", que se fizera amigo do povo oprimido e silenciado, mas lutando por sua libertação, iria morar num palácio? Como sentir-se cômodo morando num palácio pontifício, conhecendo as *vilas miséria*"?

Não pestanejou. Foi morar numa casa de hóspedes para padres que vão do mundo inteiro a Roma para resolver questões de suas Igrejas.

Um hóspede entre hóspedes, fora dos palácios pontifícios

Na casa em que decidiu morar na Hospedaria Santa Marta, junto ao Vaticano, não quis para si um quarto especial, convenientemente adornado e espaçoso. Nem sequer uma comida especial. Queria ser um hóspede como outros hóspedes, para estar junto com eles, conversar e sentir como viam o mundo e a Igreja. Entrava na fila para servir-se da comida. Com humor que nunca lhe faltou, dizia, pensando nos papas do passado, que haviam tido essa sorte: assim é mais difícil que me envenenem.

Seu primeiro pronunciamento revelou logo o que lhe estava no coração: queria uma Igreja pobre para os pobres. Com isso criticava de maneira suave a forma que a Igreja havia assumido há séculos: rica, cercada de paços e de obras preciosas, mais próxima dos palácios dos príncipes do que da gruta de Belém, onde o jovem de Assis, convertido ao Evangelho, inventou o primeiro presépio.

Logo ao aceitar a nomeação papal, relutando muito, um cardeal amigo lhe soprou ao ouvido: "Não esqueça os pobres". Aí sentiu uma iluminação interior e pensou: "Vou assumir o nome daquele jovem da Comuna de Assis. Só o nome será, em si mesmo, uma mensagem. Ademais, nunca, na história da Igreja, um papa assumiu tal nome. Tendo que morar nos palácios, vestir aquelas roupas principescas, usar os títulos tirados dos imperadores romanos, seria uma afronta ao *Poverello*".

Quando lhe quiseram pôr sobre os ombros a famosa *mozzetta*, aquele mantosinho bordado com preciosidades, sempre usado pelos imperadores romanos como símbolo de poder absoluto, resolutamente a rejeitou. Disse ao encarregado do cerimonial: "Tome este manto e leve-o como recordação". Aceitou apenas um manto branco e simples como aquele de um grande amigo seu, Dom Helder Camara. Rejeitou a cruz com joias preciosas e conservou a sua pessoal, simples e feita de ferro.

Alguém que não veio da cristandade europeia inaugurou um novo estilo de papado. Não mais o papa-príncipe, mas o papa-homem, um cristão entre cristãos. No *Anuário Pontifício* – um grosso volume no qual se encontram os nomes de todos os dicastérios (ministérios) que servem ao papado e os endereços de todos os bispos do mundo inteiro – há uma primeira página reservada aos títulos – dezenas e dezenas – colocados a respeito da figura do papa. Ele simplesmente pediu para tirá-los e simplesmente pôs o seu nome: *NN, bispo de Roma*.

Uma Igreja em saída e hospital de campanha

O novo papa assumiu a mesma atitude do homem da Comuna de Assis: auscultar as buscas e os grandes desejos do mundo atual. Não julgá-los e rapidamente enquadrá-los moralmente. Simplesmente assumi-los como são e como dar-lhes uma resposta que lhes trouxesse alívio e alegria a partir da mensagem do Nazareno e do exemplo do jovem da Comuna de Assis. Criou uma expressão que diz tudo, além de ser uma crítica velada ao tipo de Igreja que herdara: "Quero uma Igreja em saída". Em saída para as periferias existenciais, em saída para os problemas do mundo, em saída especialmente para o mundo dos pobres, dos sofredores e dos refugiados vindos da África e do Oriente Médio.

Por que uma Igreja em saída? A resposta é simples: Havia sido criado nos últimos 30 anos, sob o pontificado de dois de seus antecessores, sem dizer-lhes o nome nem com a intenção de criticá-los, uma Igreja fechada, uma Igreja feita castelo, imaginando-a cercada de inimigos de todos os lados, inimigos vindos do mundo moderno, do pensamento crítico contra os autoritarismos e o cerceamento das liberdades de pensar e de projetar outros modos de ser e de viver como cristãos. A esta Igreja *fechada* opôs uma Igreja *em saída*, uma Igreja, como dizia, entendida como um hospital de campanha. Nesse hospital chegam feridos de todo o tipo. Não importa: são pessoas em necessidade. Devem ser ajudadas sem perguntar de onde vieram, a que religião pertencem, qual é sua situação moral, a qual linha ideológica estão afiliadas. Nada disso. Basta que sejam seres humanos e que precisam ser socorridos. Essa é a missão da Igreja-hospital de campanha.

Não há uma condenação para sempre: a misericórdia é ilimitada

Dois valores evangélicos e humanos inspiram suas ações: o exemplo do Jesus histórico – homem pobre e amigo dos pobres, que anunciou a proximidade de Deus para todos, bons e maus, justos e injustos – e a misericórdia infinita de Deus que, como o Sl 103 diz de modo tão comovente: "Não está sempre acusando nem guarda rancor para sempre, porque conhece nossa natureza e se lembra de que somos pó; como um pai sente compaixão pelos filhos e filhas, assim o Senhor se compadece deles". Certa vez, pensando na misericórdia que não conhece limites, ele disse: "Não existe condenação para sempre; a misericórdia triunfa sobre a justiça. Deus nunca pode perder nenhum dos seus filhos e filhas que, com amor os criou, e de um jeito próprio seu, quem sabe fazendo passar os maus e perversos por um centro de regeneração severa e purificadora, possa trazê-los de volta à casa feita para eles desde toda a eternidade".

Depois de fazer longo discernimento dos espíritos, próprio de sua ordem religiosa – a jesuíta –, identificou três grandes problemas que deveriam ser enfrentados, mesmo com as maiores oposições: Como devolver à Igreja a moralidade perdida? Como resgatar seu núcleo central de verdade? (Ser uma coisa boa para toda a humanidade, ser como o Jesus do jovem da Comuna de Assis: misericordiosa, humilde, simplesmente humana.) Como tratar o que é apenas desvio moral (objeto do Sacramento da Penitência) dos verdadeiros crimes contra abusos a jovens, em quase todas as Igrejas? Estes últimos, de cardeais a padres seculares e religiosos, alguns até famosos, não devem ser transferidos para outros lugares com a preocupação de salvar o bom nome da Igreja, totalmente perdido, mas levá-los aos tribunais civis por seus crimes. Essa é a verdade e a humildade que se espera de uma Igreja que queira ter misericórdia para com as vítimas e se proponha a profundas mudanças.

Esse homem não veio da velha cristandade europeia, acostumada a papas cercados de pompas e circunstâncias como se fossem faraós e imperadores medievais; ele assumiu os valores que trazia de sua Igreja da periferia, do mundo das *vilas miséria*, dos sonhos de um cristianismo libertador, que fez uma opção preferencial e não excludente pelos pobres, contra a sua pobreza e em favor de sua libertação.

162

Esse homem bondoso, um ancião carinhoso e sorridente, teve a coragem de inovar, de viver e de dizer a verdade.

Na Igreja há corrupção, carreirismo, graves desvios de moral, com atitudes muito distantes do espírito dos evangelhos. Diante disso ele decidiu: para os abusos, tolerância zero; que os tribunais civis os julguem e condenem, até a prisão, ser for necessário. Mais do que tudo, deve-se ouvir as vítimas, consolá-las, devolver-lhes a esperança perdida e fazer as devidas reparações. Ele tudo faz à luz da misericórdia, que é a rainha entre todas as virtudes, pois não se abre apenas ao outro na forma de amor, mas se abre ao mais débil e fragilizado, estando junto dele, dando-lhe esperança e devolvendo-lhe o sentido de vida. É nesse espírito que ele renovou, inspirado na prática de Jesus, de amor incondicional e de misericórdia sem limites, a moral familiar, dando um nome iluminador ao seu documento principal *Amoris Laetitia*, (Alegria do Amor). Ele não exclui ninguém, como os de outra opção sexual, especialmente os homoafetivos. A um jovem homoafetivo teve a coragem de lhe dizer: "Deus te fez assim. Deus te ama e eu também te amo".

Quanto ao assalto aos cofres do Vaticano, onde estão as esmolas dos cristãos do mundo inteiro e os fundos de pensão dos eclesiásticos aposentados e enfermos, fez uma limpeza geral. Chamou *experts* leigos, colocando o Banco Vaticano a serviço da caridade, objetivo pelo qual foi criado há séculos.

Quando se trata da vida dos pobres há só um lado: o deles

Em seu discernimento dos espíritos se deu conta com clareza solar que o grande problema atual são os milhões e milhões de pobres. São vítimas, como profeticamente denuncia, de *uma economia que mata*, uma economia que comete duas injustiças clamorosas: uma *social*, que joga milhões para fora do sistema imperante, lançando-os na pobreza e na miséria; e outra *ecológica*, destruindo a natureza, ecossistemas inteiros, pondo em perigo as bases naturais que sustentam a vida da Terra. A este tipo de economia antivida e antinatureza propõe o que se está chamando de *a economia de Francisco*, um movimento mundial envolvendo especialmente os jovens, no sentido de reinventar outro tipo de economia, uma economia humana, solidária, bioecologia, que coloca a política e a economia a serviço da vida, e somente depois do mercado.

Quando se trata dos pobres não há dois lados, mas um só: o lado deles. Assim, esse homem, de voz suave, ergue a voz e sai em defesa dos milhares de refugiados e imigrados que vêm do Oriente Médio e da África, fugindo das guerras e da fome. Quase todos são rejeitados. Esse homem, diante das centenas de refugiados vindos da África, na Ilha de Lampeduza, critica duramente a cultura moderna, acusando-a de perder a capacidade de chorar, de sentir a dor do irmão e da irmã, mantendo-se fria em seu egoísmo e privilégio. Diz mais: "Eles [os refugiados] agora estão aqui porque, antes, nós estivemos lá, ocupando suas terras, submetendo seus povos e roubando-lhes as riquezas. Vocês, europeus, foram aceitos lá e agora não os querem acolher aqui. Precisamos viver a fraternidade sem fronteiras e que todos tenham um lugar neste planeta, que é a Casa Comum de todos".

Cuidar da Casa Comum em erosão

Cedo se deu conta de que entre os pobres está o *grande pobre*, que é a Mãe Terra. Assim como o sistema de morte explora as pessoas, as classes, os povos, a natureza e a vida, superexplora a Mãe Terra. Sugou-lhe quase todos os bens e serviços naturais a tal ponto, que eles já se encontram nos limites de suportabilidade. Se o eixo principal do cristianismo de libertação é a opção pelos pobres contra a sua pobreza e em favor de sua libertação, então, dentro desta opção deve caber a Mãe Terra, feita o *grande pobre* que grita por libertação. Em razão desta compreensão o papa escreveu duas encíclicas que o colocam na ponta da discussão mundial sobre a ecologia: *"Laudato Si': sobre o cuidado da Casa Comum"* (2015) e *Fratelli Tutti* (2020).

Não propõe uma ecologia reducionista à dimensão verde; ao contrário: inaugura, em termos do magistério pontifício, uma *ecologia integral*, que recobre o ambiental, o social, o econômico, o cultural, o cotidiano e o espiritual. Incorpora o paradigma moderno segundo qual todas as realidades estão sempre em relação e interligadas umas com as outras em laços de profunda cooperação. Numa expressão poética, mas com conteúdo de grande verdade escreveu:

"Há a interdependência entre as criaturas. O sol e a lua, o cedro e a florzinha, a águia e o pardal. O espetáculo das suas incontáveis diversidades e diferenças significa que nenhuma criatura basta a si mesma; elas só existem na dependência uma das outras para se completarem mutuamente no serviço umas das outras" (*Laudato Si'* 86). Propõe uma mística ecológica da Mãe Terra, "que alimenta uma paixão pelo cuidado do mundo" (*Laudato Si'* 215).

Na *Fratelli Tutti* contrapõe os dois paradigmas: aquele da Modernidade, montado sobre a *vontade de poder*, como dominação sobre tudo, entendendo o ser humano como *dominus*, senhor e dono da natureza e da Terra, e não como parte delas. A esse paradigma do *dominus* (senhor e dono), contrapõe o outro, o do *frater*, todos irmãos e irmãs entre si e também com os demais seres da natureza. Sentimo-nos parte da natureza com a missão ética de guardar e cuidar do Jardim do Éden. É esse paradigma que nos salvará, impedindo que caiamos todos juntos num abismo mortal.

Ou nos salvamos todos ou ninguém se salva

O papa tem a clara consciência de que vivemos uma emergência ecológica, a ponto de advertir: "estamos todos no mesmo barco, ou nos salvamos todos ou ninguém se salva".

Tem a ousadia de afirmar que "na política há lugar para o *amor com ternura*: aos mais pequenos, aos mais débeis, aos mais pobres" (*Fratelli Tutti* 194). Pergunta-se o que é a ternura e responde: "É o amor que se faz próximo e concreto; é um movimento que procede do coração e chega aos olhos, aos ouvidos, às mãos" (*Fratelli Tutti* 196).

Junto à ternura emerge uma "política da amabilidade" que significa "um estado de ânimo que não é áspero, rude, duro, senão afável, suave e que faz a existência mais suportável" (*Fratelli Tutti* 223).

Preocupado com a salvaguarda da vida que pressupõe a conservação das florestas úmidas, convocou um sínodo em Roma, o Sínodo da Amazônia, para tratar da relevância desse imenso bioma, que recobre oito países, para toda a humanidade e também para a própria missão da Igreja.

O sonho da unidade da criação e de uma fraternidade sem fronteiras

Como o jovem da Comuna de Assis, esse pontífice é imbuído do espírito da unidade da criação, envolvendo toda a humanidade. Propõe na *Fratelli Tutti* o sonho de uma fraternidade sem fronteiras e de um amor universal como as pilastras que vão sustentar a nova forma de habitar a Casa Comum.

Como o homem de Assis foi ao encontro do sultão do Egito, ele também foi em busca do patriarca ecumênico Bartolomeu, da Igreja Ortodoxa. Igualmente se uniu, nos Emirados Árabes, com o Imã Ahmed al-Tayyeb, para, juntos, subscreverem o importante documento: *Sobre a fraternidade humana para a paz mundial e a convivência comum.*

Os tempos são tão urgentes, que todos os saberes e comunidades devem dar sua colaboração para garantir um futuro para a vida e para a nossa civilização. Convida todas as religiões e caminhos espirituais para reforçarem com seus valores excelsos a darem uma contribuição decisiva.

Com sua conclamação em favor dos empobrecidos do mundo, com sua crítica corajosa ao sistema de morte sob o qual vivemos, por seu apaixonado amor à natureza e à Mãe Terra e por seus esforços pela paz no mundo, o papa se revelou um grande profeta que denuncia e anuncia, tornando-se uma eminente, senão a maior, liderança religiosa e política dos tempos atuais.

Como o jovem da Comuna de Assis surgiu na virada do mundo feudal para o mundo das comunas e da fraternidade nova entre os cidadãos, também esse homem, antes desconhecido, captou a grande virada do mundo das nações para a nova realidade a ser construída, a Casa Comum.

Um e outro não rejeitaram os desafios de seus próprios tempos. Souberam captar-lhes os anseios de fraternidade e de unidade de toda a criação. Inspirados na prática de Jesus, includente de todos, este papa, iluminado pelo Homem de Assis, buscou e propôs o mesmo sonho, tão bem expresso na linguagem de um poeta popular: "a alma não tem fronteira, nenhuma vida é estrangeira".

Esse homem a que nos referimos é Jorge Mario Bergoglio, argentino (1936) vindo "do fim do mundo", o 266º papa da Igreja Católico-romana, Francisco de Roma.

Conclusão

Os dois Franciscos, o de Assis e o de Roma: cuidadores da Casa Comum

Dois homens foram enviados por Deus em momentos semelhantes de passagem de um mundo para outro: do feudal para o comunal; das nações para a Casa Comum. Foram enviados para sanar a criação, cuidar da vida e garantir a beleza, a integridade e a generosidade da Mãe Terra.

Ambos propuseram o mesmo sonho: unificar a criação sob o signo da fraternidade universal como fruto da renúncia a todo poder-dominação e de um amor sem fronteiras: Francisco de Assis e Francisco de Roma.

Ambos encarnam o protótipo e o arquétipo de um mundo que encontrou sua justa medida e o seu real equilíbrio. Sem esses valores não há fraternidade sem fronteiras, nem um amor universal, nem uma paz duradoura.

A alma não tem fronteira, nenhuma vida é estrangeira, toda a utopia é alviçareira.

Livros de Leonardo Boff

1 – *O Evangelho do Cristo Cósmico.* Petrópolis: Vozes, 1971. • Reeditado pela Record (Rio de Janeiro), 2008.

2 – *Jesus Cristo libertador.* Petrópolis: Vozes, 1972.

3 – *Die Kirche als Sakrament im Horizont der Welterfahrung.* Paderborn: Verlag Bonifacius-Druckerei, 1972 [Esgotado].

4 – *A nossa ressurreição na morte.* Petrópolis: Vozes, 1972.

5 – *Vida para além da morte.* Petrópolis: Vozes, 1973.

6 – *O destino do homem e do mundo.* Petrópolis: Vozes, 1973.

7 – *Experimentar Deus.* Petrópolis: Vozes, 2012 [Publicado em 1974 pela Vozes com o título *Atualidade da experiência de Deus*].

8 – *Os sacramentos da vida e a vida dos sacramentos.* Petrópolis: Vozes, 1975.

9 – *A vida religiosa e a Igreja no processo de libertação.* 2. ed. Petrópolis: Vozes/CNBB, 1975 [Esgotado].

10 – *Graça e experiência humana.* Petrópolis: Vozes, 1976.

11 – *Teologia do cativeiro e da libertação.* Lisboa: Multinova, 1976. • Reeditado pela Vozes, 1998.

12 – *Natal*: a humanidade e a jovialidade de nosso Deus. Petrópolis: Vozes, 1976.

13 – *Eclesiogênese* – As comunidades reinventam a Igreja. Petrópolis: Vozes, 1977. • Reeditado pela Record (Rio de Janeiro), 2008.

14 – *Paixão de Cristo, paixão do mundo.* Petrópolis: Vozes, 1977.

15 – *A fé na periferia do mundo.* Petrópolis: Vozes, 1978 [Esgotado].

16 – *Via-sacra da justiça.* Petrópolis: Vozes, 1978 [Esgotado].

17 – *O rosto materno de Deus.* Petrópolis: Vozes, 1979.

18 – *O Pai-nosso* – A oração da libertação integral. Petrópolis: Vozes, 1979.

19 – *Da libertação* – O teológico das libertações sócio-históricas. Petrópolis: Vozes, 1979 [Esgotado].

20 – *O caminhar da Igreja com os oprimidos.* Rio de Janeiro: Codecri, 1980. • Reeditado pela Vozes (Petrópolis), 1988.

21 – *A Ave-Maria* – O feminino e o Espírito Santo. Petrópolis: Vozes, 1980.

22 – *Libertar para a comunhão e participação.* Rio de Janeiro: CRB, 1980 [Esgotado].

23 – *Igreja*: carisma e poder. Petrópolis: Vozes, 1981. • Reedição ampliada: Ática (Rio de Janeiro), 1994; Record (Rio de Janeiro), 2005.

24 – *Crise, oportunidade de crescimento.* Petrópolis: Vozes, 2011 [Publicado em 1981 pela Vozes com o título *Vida segundo o Espírito*].

25 – *São Francisco de Assis* – ternura e vigor. Petrópolis: Vozes, 1981.

26 – *Via-sacra para quem quer viver.* Petrópolis: Vozes, 1991 [Publicado em 1982 pela Vozes com o título *Via-sacra da ressurreição*].

27 – *O livro da Divina Consolação.* Petrópolis: Vozes, 2006 [Publicado em 1983 com o título de *Mestre Eckhart*: a mística do ser e do não ter].

28 – *Ética e ecoespiritualidade*. Petrópolis: Vozes, 2011 [Publicado em 1984 pela Vozes com o título *Do lugar do pobre*].

29 – *Teologia à escuta do povo*. Petrópolis: Vozes, 1984 [Esgotado].

30 – *A cruz nossa de cada dia*. Petrópolis: Vozes, 2012 [Publicado em 1984 pela Vozes com o título *Como pregar a cruz hoje numa sociedade de crucificados*].

31 – (com Clodovis Boff) *Teologia da Libertação no debate atual*. Petrópolis: Vozes, 1985 [Esgotado].

32 – *A Trindade e a sociedade*. Petrópolis: Vozes, 2014 [publicado em 1986 com o título *A Trindade, a sociedade e a libertação*].

33 – *E a Igreja se fez povo*. Petrópolis: Vozes, 1986 (esgotado). • Reeditado em 2011 com o título *Ética e ecoespiritualidade*, em conjunto com *Do lugar do pobre*.

34 – (com Clodovis Boff) *Como fazer Teologia da Libertação?* Petrópolis: Vozes, 1986.

35 – *Die befreiende Botschaft*. Friburgo: Herder, 1987.

36 – *A Santíssima Trindade é a melhor comunidade*. Petrópolis: Vozes, 1988.

37 – (com Nelson Porto) *Francisco de Assis* – homem do paraíso. Petrópolis: Vozes, 1989. • Reedição modificada em 1999.

38 – *Nova evangelização*: a perspectiva dos pobres. Petrópolis: Vozes, 1990 [Esgotado].

39 – *La misión del teólogo en la Iglesia*. Estella: Verbo Divino, 1991.

40 – *Seleção de textos espirituais*. Petrópolis: Vozes, 1991 [Esgotado].

41 – *Seleção de textos militantes*. Petrópolis: Vozes, 1991 [Esgotado].

42 – *Con La libertad del Evangelio*. Madri: Nueva Utopia, 1991.

43 – *América Latina*: da conquista à nova evangelização. São Paulo: Ática, 1992 [Esgotado].

44 – *Ecologia, mundialização e espiritualidade*. São Paulo: Ática, 1993. • Reeditado pela Record (Rio de Janeiro), 2008.

45 – (com Frei Betto) *Mística e espiritualidade*. Rio de Janeiro: Rocco, 1994. • Reedição revista e ampliada pela Vozes (Petrópolis), 2010.

46 – *Nova era*: a emergência da consciência planetária. São Paulo: Ática, 1994. • Reeditado pela Sextante (Rio de Janeiro) em 2003 com o título de *Civilização planetária*: desafios à sociedade e ao cristianismo [Esgotado].

47 – *Je m'explique*. Paris: Desclée de Brouwer, 1994.

48 – (com A. Neguyen Van Si) *Sorella Madre Terra*. Roma: Ed. Lavoro, 1994.

49 – *Ecologia* – Grito da terra, grito dos pobres. São Paulo: Ática, 1995. • Reeditado pela Record (Rio de Janeiro) em 2015.

50 – *Princípio Terra* – A volta à Terra como pátria comum. São Paulo: Ática, 1995 [Esgotado].

51 – (org.) *Igreja*: entre norte e sul. São Paulo: Ática, 1995 [Esgotado].

52 – (com José Ramos Regidor e Clodovis Boff) *A Teologia da Libertação*: balanços e perspectivas. São Paulo: Ática, 1996 [Esgotado].

53 – *Brasa sob cinzas*. Rio de Janeiro: Record, 1996.

54 – *A águia e a galinha*: uma metáfora da condição humana. Petrópolis: Vozes, 1997.

55 – *A águia e a galinha*: uma metáfora da condição humana. Edição comemorativa – 20 anos. Petrópolis: Vozes, 2017.

56 – (com Jean-Yves Leloup, Pierre Weil, Roberto Crema) *Espírito na saúde*. Petrópolis: Vozes, 1997.

57 – (com Jean-Yves Leloup, Roberto Crema) *Os terapeutas do deserto* – De Fílon de Alexandria e Francisco de Assis a Graf Dürckheim. Petrópolis: Vozes, 1997.

58 – *O despertar da águia*: o dia-bólico e o sim-bólico na construção da realidade. Petrópolis: Vozes, 1998.

59 – *O despertar da águia*: o dia-bólico e o sim-bólico na construção da realidade. Edição especial. Petrópolis: Vozes, 2017.

60 – *Das Prinzip Mitgefühl* – Texte für eine bessere Zukunft. Friburgo: Herder, 1999.

61 – *Saber cuidar* – Ética do humano, compaixão pela terra. Petrópolis: Vozes, 1999.

62 – *Ética da vida*. Brasília: Letraviva, 1999. • Reeditado pela Record (Rio de Janeiro), 2009.

63 – *Coríntios* – Introdução. Rio de Janeiro: Objetiva, 1999 (Esgotado).

64 – *A oração de São Francisco*: uma mensagem de paz para o mundo atual. Rio de Janeiro: Sextante, 1999. • Reeditado pela Vozes (Petrópolis), 2014.

65 – *Depois de 500 anos*: que Brasil queremos? Petrópolis: Vozes, 2000 [Esgotado].

66 – *Voz do arco-íris*. Brasília: Letraviva, 2000. • Reeditado pela Sextante (Rio de Janeiro), 2004 [Esgotado].

67 – (com Marcos Arruda) Globalização: desafios socioeconômicos, éticos e educativos. Petrópolis: Vozes, 2000.

68 – *Tempo de transcendência* – O ser humano como um projeto infinito. Rio de Janeiro: Sextante, 2000. • Reeditado pela Vozes (Petrópolis), 2009.

69 – (com Werner Müller) *Princípio de compaixão e cuidado*. Petrópolis: Vozes, 2000.

70 – *Ethos mundial* – Um consenso mínimo entre os humanos. Brasília: Letraviva, 2000. • Reeditado pela Record (Rio de Janeiro) em 2009.

71 – *Espiritualidade* – Um caminho de transformação. Rio de Janeiro: Sextante, 2001. • Reeditado pela Mar de Ideias (Rio de Janeiro) em 2016.

72 – *O casamento entre o céu e a terra* – Contos dos povos indígenas do Brasil. São Paulo: Salamandra, 2001. • Reeditado pela Mar de Ideias (Rio de Janeiro) em 2014.

73 – *Fundamentalismo*. Rio de Janeiro: Sextante, 2002. • Reedição ampliada e modificada pela Vozes (Petrópolis) em 2009 com o título *Fundamentalismo, terrorismo, religião e paz*.

74 – (com Rose Marie Muraro) *Feminino e masculino*: uma nova consciência para o encontro das diferenças. Rio de Janeiro: Sextante, 2002. • Reeditado pela Record (Rio de Janeiro), 2010.

75 – *Do iceberg à arca de Noé*: o nascimento de uma ética planetária.

Rio de Janeiro: Garamond, 2002. • Reeditado pela Mar de Ideias (Rio de Janeiro), 2010.

76 – *Crise*: oportunidade de crescimento. Campinas: Verus, 2002. • Reeditado pela Vozes (Petrópolis) em 2011.

77 – (com Marco Antônio Miranda) *Terra América*: imagens. Rio de Janeiro: Sextante, 2003 [Esgotado].

78 – *Ética e moral*: a busca dos fundamentos. Petrópolis: Vozes, 2003.

79 – *O Senhor é meu Pastor*: consolo divino para o desamparo humano. Rio de Janeiro: Sextante, 2004. • Reeditado pela Vozes (Petrópolis), 2013.

80 – *Responder florindo*. Rio de Janeiro: Garamond, 2004 [Esgotado].

81 – *Novas formas da Igreja*: o futuro de um povo a caminho. Campinas: Verus, 2004 [Esgotado].

82 – *São José*: a personificação do Pai. Campinas: Verus, 2005. • Reeditado pela Vozes (Petrópolis), 2012.

83 – *Un Papa difficile da amare*: scritti e interviste. Roma: Datanews Ed., 2005.

84 – *Virtudes para um outro mundo possível* – Vol. I: Hospitalidade: direito e dever de todos. Petrópolis: Vozes, 2005.

85 – *Virtudes para um outro mundo possível* – Vol. II: Convivência, respeito e tolerância. Petrópolis: Vozes, 2006.

86 – *Virtudes para um outro mundo possível* – Vol. III: Comer e beber juntos e viver em paz. Petrópolis: Vozes, 2006.

87 – *A força da ternura* – Pensamentos para um mundo igualitário, solidário, pleno e amoroso. Rio de Janeiro: Sextante, 2006. • Reeditado pela Mar de Ideias (Rio de Janeiro) em 2012.

88 – *Ovo da esperança*: o sentido da Festa da Páscoa. Rio de Janeiro: Mar de Ideias, 2007.

89 – (com Lúcia Ribeiro) *Masculino, feminino*: experiências vividas. Rio de Janeiro: Record, 2007.

90 – *Sol da esperança* – Natal: histórias, poesias e símbolos. Rio de Janeiro: Mar de Ideias, 2007.

91 – *Homem*: satã ou anjo bom. Rio de Janeiro: Record, 2008.

92 – (com José Roberto Scolforo) *Mundo eucalipto*. Rio de Janeiro: Mar de Ideias, 2008.

93 – *Opção Terra*. Rio de Janeiro: Record, 2009.

94 – *Meditação da luz*. Petrópolis: Vozes, 2010.

95 – *Cuidar da Terra, proteger a vida*. Rio de Janeiro: Record, 2010.

96 – *Cristianismo*: o mínimo do mínimo. Petrópolis: Vozes, 2011.

97 – *El planeta Tierra*: crisis, falsas soluciones, alternativas. Madri: Nueva Utopia, 2011.

98 – (com Marie Hathaway) *O Tao da Libertação* – Explorando a ecologia da transformação. 2. ed. Petrópolis: Vozes, 2012.

99 – *Sustentabilidade*: O que é – O que não é. Petrópolis: Vozes, 2012.

100 – *Jesus Cristo Libertador*: ensaio de cristologia crítica para o nosso tempo. Petrópolis: Vozes, 2012 [Selo Vozes de Bolso].

101 – *O cuidado necessário*: na vida, na saúde, na educação, na ecologia, na ética e na espiritualidade. Petrópolis: Vozes, 2012.

102 – *As quatro ecologias*: ambiental, política e social, mental e integral. Rio de Janeiro: Mar de Ideias, 2012.

103 – *Francisco de Assis* – Francisco de Roma: a irrupção da primavera? Rio de Janeiro: Mar de Ideias, 2013.

104 – *O Espírito Santo* – Fogo interior, doador de vida e Pai dos pobres. Petrópolis: Vozes, 2013.

105 – (com Jürgen Moltmann) *Há esperança para a criação ameaçada?* Petrópolis: Vozes, 2014.

106 – *A grande transformação*: na economia, na política, na ecologia e na educação. Petrópolis: Vozes, 2014.

107 – *Direitos do coração* – Como reverdecer o deserto. São Paulo: Paulus, 2015.

108 – *Ecologia, ciência, espiritualidade* – A transição do velho para o novo. Rio de Janeiro: Mar de Ideias, 2015.

109 – *A Terra na palma da mão* – Uma nova visão do planeta e da humanidade. Petrópolis: Vozes, 2016.

110 – (com Luigi Zoja) *Memórias inquietas e persistentes de L. Boff.* São Paulo: Ideias & Letras, 2016.

111 – (com Frei Betto e Mario Sergio Cortella) *Felicidade foi-se embora?* Petrópolis: Vozes Nobilis, 2016.

112 – *Ética e espiritualidade* – Como cuidar da Casa Comum. Petrópolis: Vozes, 2017.

113 – *De onde vem?* – Uma nova visão do universo, da Terra, da vida, do ser humano, do espírito e de Deus. Rio de Janeiro: Mar de Ideias, 2017.

114 – *A casa, a espiritualidade, o amor.* São Paulo: Paulinas, 2017.

115 – (com Anselm Grün) *O divino em nós.* Petrópolis: Vozes Nobilis, 2017.

116 – *O livro dos elogios*: o significado do insignificante. São Paulo: Paulus, 2017.

117 – *Brasil* – Concluir a refundação ou prolongar a dependência? Petrópolis: Vozes, 2018.

118 – *Reflexões de um velho teólogo e pensador.* Petrópolis: Vozes, 2018.

119 – *A saudade de Deus* – A força dos pequenos. Petrópolis: Vozes, 2020.

120 – *Covid-19 – A Mãe Terra contra-ataca a Humanidade*: Advertências da pandemia. Petrópolis: Vozes, 2020.

121 – *O doloroso parto da Mãe Terra* – Uma sociedade de fraternidade sem fronteiras e de amizade social. Petrópolis: Vozes, 2021.

122 – *Habitar a Terra* – Qual o caminho para a fraternidade universal? Petrópolis: Vozes, 2021.

123 – *O pescador ambicioso e o peixe encantado* – A busca da justa medida. Petrópolis: Vozes, 2022.

Conecte-se conosco:

 facebook.com/editoravozes

 @editoravozes

 @editora_vozes

 youtube.com/editoravozes

 +55 24 2233-9033

www.vozes.com.br

Conheça nossas lojas:

www.livrariavozes.com.br

Belo Horizonte – Brasília – Campinas – Cuiabá – Curitiba
Fortaleza – Juiz de Fora – Petrópolis – Recife – São Paulo

EDITORA VOZES LTDA.
Rua Frei Luís, 100 – Centro – Cep 25689-900 – Petrópolis, RJ
Tel.: (24) 2233-9000 – E-mail: vendas@vozes.com.br

102 – *As quatro ecologias*: ambiental, política e social, mental e integral. Rio de Janeiro: Mar de Ideias, 2012.

103 – *Francisco de Assis* – Francisco de Roma: a irrupção da primavera? Rio de Janeiro: Mar de Ideias, 2013.

104 – *O Espírito Santo* – Fogo interior, doador de vida e Pai dos pobres. Petrópolis: Vozes, 2013.

105 – (com Jürgen Moltmann) *Há esperança para a criação ameaçada?* Petrópolis: Vozes, 2014.

106 – *A grande transformação*: na economia, na política, na ecologia e na educação. Petrópolis: Vozes, 2014.

107 – *Direitos do coração* – Como reverdecer o deserto. São Paulo: Paulus, 2015.

108 – *Ecologia, ciência, espiritualidade* – A transição do velho para o novo. Rio de Janeiro: Mar de Ideias, 2015.

109 – *A Terra na palma da mão* – Uma nova visão do planeta e da humanidade. Petrópolis: Vozes, 2016.

110 – (com Luigi Zoja) *Memórias inquietas e persistentes de L. Boff.* São Paulo: Ideias & Letras, 2016.

111 – (com Frei Betto e Mario Sergio Cortella) *Felicidade foi-se embora?* Petrópolis: Vozes Nobilis, 2016.

112 – *Ética e espiritualidade* – Como cuidar da Casa Comum. Petrópolis: Vozes, 2017.

113 – *De onde vem?* – Uma nova visão do universo, da Terra, da vida, do ser humano, do espírito e de Deus. Rio de Janeiro: Mar de Ideias, 2017.

114 – *A casa, a espiritualidade, o amor.* São Paulo: Paulinas, 2017.

115 – (com Anselm Grün) *O divino em nós*. Petrópolis: Vozes Nobilis, 2017.

116 – *O livro dos elogios*: o significado do insignificante. São Paulo: Paulus, 2017.

117 – *Brasil* – Concluir a refundação ou prolongar a dependência? Petrópolis: Vozes, 2018.

118 – *Reflexões de um velho teólogo e pensador.* Petrópolis: Vozes, 2018.

119 – *A saudade de Deus* – A força dos pequenos. Petrópolis: Vozes, 2020.

120 – *Covid-19 – A Mãe Terra contra-ataca a Humanidade*: Advertências da pandemia. Petrópolis: Vozes, 2020.

121 – *O doloroso parto da Mãe Terra* – Uma sociedade de fraternidade sem fronteiras e de amizade social. Petrópolis: Vozes, 2021.

122 – *Habitar a Terra* – Qual o caminho para a fraternidade universal? Petrópolis: Vozes, 2021.

123 – *O pescador ambicioso e o peixe encantado* – A busca da justa medida. Petrópolis: Vozes, 2022.

Conecte-se conosco:

 facebook.com/editoravozes

 @editoravozes

 @editora_vozes

 youtube.com/editoravozes

 +55 24 2233-9033

www.vozes.com.br

Conheça nossas lojas:

www.livrariavozes.com.br

Belo Horizonte – Brasília – Campinas – Cuiabá – Curitiba
Fortaleza – Juiz de Fora – Petrópolis – Recife – São Paulo

  Vozes de Bolso

EDITORA VOZES LTDA.
Rua Frei Luís, 100 – Centro – Cep 25689-900 – Petrópolis, RJ
Tel.: (24) 2233-9000 – E-mail: vendas@vozes.com.br